Das Buch

Wenn es nicht wahr ist, ist es doch gut erfunden – so heißt es in einem italienischen Sprichwort. Denn genau so hätte sich die Geschichte dieses Buches ereignen können: Als Bruno Maccallini von seinem italienischen Cousin zu einer Hochzeit nach Sardinien eingeladen wird, ist die Freude groß. Schon immer wollte er seiner Lebensgefährtin Jutta Speidel die Trauminsel im Mittelmeer zeigen – weiße Sandstrände, azurblauer Himmel, Berge wie im Märchen und eine einfache, aber unverwechselbare Küche. Doch schon bei ihrer Ankunft in Cagliari werden sie mit der ersten Katastrophe konfrontiert. Schafhirten und Bauern haben einen landesweiten Streik ausgerufen und blockieren den Flughafen. Wie sollen die beiden da bloß nach Gesturi, einem kleinen Ort im wildromantischen Hinterland, gelangen, wo die Trauung von Maurizio und Guilia in einer mehrtägigen Zeremonie stattfinden soll? Nur gut, dass das deutsch-italienische Duo vor Einfällen sprüht und seit seiner wagemutigen Tour über die Alpen sattelfest geworden ist. Denn wie Jutta und Bruno rasch feststellen, erwartet sie auf Sardinien ein wunderbares Abenteuer der anderen Art ...

Die Autoren

Jutta Speidel ist eine der beliebtesten und erfolgreichsten Schauspielerinnen im deutschsprachigen Raum. Sie wurde in München geboren, lebt dort und hat zwei erwachsene Töchter. Sie ist Gründerin der Stiftung HORIZONT, die sich für obdachlose Kinder und ihre Mütter einsetzt. www.horizont-ev.org

Bruno Maccallini stammt aus Rom und ist in Italien ein erfolgreicher Theaterschauspieler, Regisseur und Fernsehproduzent. In Deutschland wurde er als »Cappuccino-Mann« in verschiedenen Werbekampagnen berühmt (»Isch abbe gar kein Auto, Signorina!«). Zusammen mit seiner Lebensgefährtin Jutta Speidel spielt er auch in deutschen Fernsehfilmen.

Von Jutta Speidel und Bruno Maccallini ist in unserem Hause
bereits erschienen:

Wir haben gar kein Auto ... Mit dem Rad über die Alpen

Jutta Speidel / Bruno Maccallini

Zwei Esel auf Sardinien

Ein deutsch-italienisches Abenteuer

Ullstein

Besuchen Sie uns im Internet:
www.ullstein-taschenbuch.de

Der Text von Bruno Maccallini
wurde von Katharina Schmidt
und Barbara Neeb übersetzt.

Originalausgabe im Ullstein Taschenbuch
1. Auflage Juli 2011
6. Auflage 2011
© Ullstein Buchverlage GmbH, Berlin 2011
Konzeption: HildenDesign, München
Umschlaggestaltung: Zero Werbeagentur, München
Titelabbildung: © Artwork HildenDesign unter Verwendung von Motiven
von iStockphoto/Gilibuter (Landschaft)
Titelfoto: © Carmen Lechtenbrink
Satz: Pinkuin Satz und Datentechnik, Berlin
Papier: Pamo Super von Arctic Paper Mochenwangen GmbH
Druck und Bindearbeiten: CPI – Ebner & Spiegel, Ulm
Printed in Germany
ISBN 978-3-548-37409-3

FÜR ALLE »ESEL« AUF GOTTES ERDBODEN

PROLOG

Auftakt
Jutta

Wahrnehmung und Erwartungshaltung bedeuten jede Menge Konfliktstoff für eine Beziehung. Vor allem, wenn die beiden Liebenden so gar nicht konfliktscheu sind! Planen diese zwei dann noch eine gemeinsame Unternehmung, kann es ganz schön turbulent werden.

Damit erzähle ich Ihnen ja wohl nichts Neues, ich gebe auch nicht vor, einen revolutionär neuen Denkansatz gefunden zu haben, aber dennoch erstaunt es mich immer wieder.

Es liegt auch gar nicht daran, dass mein Lebenspartner und ich nicht zusammenpassen, nein, es liegt an unseren unterschiedlichen Wahrnehmungen und Erwartungshaltungen! Da jeder von uns eine Situation subjektiv wahrnimmt und dann nach seinen jeweiligen Empfindungen handelt, stößt er unweigerlich bei dem anderen auf Widerstand. Ich bin felsenfest davon überzeugt, dass diese beiden emotionsüberfrachteten Verhaltensmuster, die unser Verhalten bestimmen, auf Kriegsfuß miteinander stehen.

Gestern zum Beispiel habe ich für unser Münchner Zuhause einen Weihnachtsbaum gekauft. Geschlachtet im bayrischen Voralpenwald, duftend und knackig frisch, hat man ihn mir ins Netz gezogen. Bruno, mein italienischer Lebensgefährte, strich währenddessen um sämtliche kleineren Bäumchen herum, um endlich mit einem immerhin ein Meter zwanzig hohen Baum mit ausladenden Zweigen anzukommen.

»Ein bayrischer Weihnachtsbaum auf einer römischen Großstadtterrasse, wow, das wär's doch! Was meinst du, *tesoro*?« Ja, was sollte ich groß meinen? Doch wie soll das Kerlchen auf die Terrasse kommen?

So, und damit sind wir genau an dem Punkt, von dem ich vorher gesprochen habe.

ER (Wahrnehmung): Will auch einen Baum!
(Erwartungshaltung): Du musst mir helfen, ihn im Flieger nach Rom zu bringen!
SIE (Wahrnehmung): Oje, jetzt will er von hier so einen wuchtigen Baum nach Rom schleppen!
(Erwartungshaltung): Na, da soll er sich mal schön selbst drum kümmern!

Aber so funktioniert es halt nicht in einer Partnerschaft. Bruno hat sich schließlich bereit erklärt, mein kleines Köfferchen mitzunehmen, und ich, die ich drei Stunden später nach Rom fliege, nehme den Baum. Seiner Wahrnehmung zufolge bin ich erstens geschickter im Stewardessenbezirzen, so eine faule Ausrede! Und zweitens ist – laut Bruno – der Transport des Baums viel einfacher, als zwei kleine Köfferchen zu ziehen. Obendrein erwartet der Gute, dass ich diese Situation, wie so viele andere zuvor, souverän meistere, denn er sei schließlich prädestiniert zu scheitern.

Soll ich Ihnen jetzt, während ich mit dem Baum in der Sicherheitskontrolle vor unbezirzbaren Sicherheitsbeamten stehe und abblitze, *meine* Erwartungshaltung mitteilen? Ja, Sie lachen und sagen, ich sei ein Esel! Recht haben Sie, absolut, aber was hilft's? Bruno erwartet, dass ich mit dem Baum heil in Rom ankomme und ihn auch noch römisch-kitschig schmücke!

Na dann – »O du Fröhliche«!

Erzählen will ich aber eine ganz andere Geschichte. Dies ist nur der Auftakt. Sie werden bald verstehen, warum es mir so wichtig ist, alles Nachfolgende unter diesen beiden Gesichtspunkten zu sehen: Wahrnehmung und Erwartungshaltung.

Der fremde Cousin
Bruno

Der Anruf erreicht mich Anfang Januar um fünf vor acht, kurz vor den Nachrichten. Jutta und ich haben die Weihnachtstage in meiner Wohnung in Rom verbracht. Zum Glück hat sie meinen Weihnachtsbaum mit ins Flugzeug bekommen – als Sperrgepäck! Ich wusste doch, dass sie es schafft.

Meine Pizza steht dampfend auf dem Couchtisch und wartet auf mich. Das darf ich mir nicht entgehen lassen: Die neueste Meldung über den hundertsten Sexskandal unseres Hardcore-Ministerpräsidenten Silvio Berlusconi ist zu bestürzend und deftig, als dass man sie ignorieren könnte. Ich mache es mir auf dem Sofa bequem und … DRRIIINNG … Wenn das wieder diese Callcenter-Tante von Bofrost ist, oder schlimmer, der Schwätzer von der Telecom, dann zeige ich sie an. Diese Telefonverkäufer sind eine einzige Pest. Gleich das erste »Ja?«, mit dem ich mich melde, muss also bedrohlich klingen. Schweigen am anderen Ende. Dann höre ich nur noch das Besetztzeichen. Prima, wer auch immer das war, hat verstanden und aufgelegt. Ich beiße in das erste Stück meiner Pizza und – DRIINNGGG! Schon wieder!

»Hallo?« Diesmal gebe ich mich etwas zugänglicher. Am anderen Ende sagt eine etwas schrille, aber höfliche Stimme schüchtern:

»Hallo, Bruno, bist du's? Weißt du, wer ich bin …?«
»Wer spricht da?«
»Ich bin's, Maurizio, dein Cousin …«

Schweigen. Das trifft mich. Ich möchte jetzt nicht mehr gemütlich in meinem Sofa versinken, sondern vor Scham im Erdboden – und das nicht nur, weil ich die Stimme meines Cousins nicht gleich erkannt habe, sondern mich in diesem Moment nicht einmal an sein Gesicht erinnere! Na ja, er ist schließlich nur ein Cousin dritten Grades, was will man da erwarten?

»Maurizio … Maurizio, *DU* bist das? Ja, wie lange ist das denn jetzt her …??«

»Tante Ada hat mir deine Nummer gegeben, also eigentlich hatte ich es schon auf Facebook versucht, aber du hast meine Freundschaftsanfrage nie bestätigt …«

Wie peinlich! Maurizio, der wahrscheinlich meine Verlegenheit bemerkt hat, stürzt sich in einen zehnminütigen Wortschwall und zündet sich dazu eine Zigarette nach der anderen an. Ich unterbreche ihn nicht. Er kommt von einem zum anderen: Erst erzählt er von seinem Peter-Pan-Syndrom, dann von seinem Studium an einer Elite-Uni in Rom, seinem Abschluss *summa cum laude* in Pharmakologie, dem Master in Chemie an der Berkeley-Universität in Kalifornien, seinen Forschungen über die Fotochemie der DNA, seinen Patenten und wie man ihn bei Fragen zur Nukleinsäure hinzuzieht, seinen Büchern und Preisen, internationalen Ehrungen, schließlich sogar, dass er mit Bono (ja genau, dem Bono!) befreundet ist und – von seiner bevorstehenden Hochzeit!

»Das ist ja wunderbar, du heiratest? Wer ist die Glückliche?«

»Giulia. Wir sind seit fünf Jahren zusammen. Sie ist fünfzehn Jahre jünger als ich, lebt auch in Rom, aber ihre Familie kommt aus Sardinien.«

»Das ist ja fabelhaft, Maurizio, ich freu mich wirklich

für dich. Und ich seh dich immer noch in diesen unmöglichen hautengen Jeans vor mir! Tja, lang ist's her. Und jetzt bist du ein international anerkannter Chemiker und sogar mit Bono befreundet!«

»Hmm, ja, wir haben uns in München kennengelernt.«

»In München?«

»Ja, er wurde dort an der Wirbelsäule operiert, ein böser Unfall während der Proben, aber jetzt geht es ihm wieder gut. Sein Arzt ist ein guter Freund von mir und hat mich ihm während seiner Reha vorgestellt. Um ihn aufzumuntern, habe ich ihm dann einige von meinen Kondomwitzen erzählt, weißt du noch?«

»Na klar erinnere ich mich!«

»Er hat sich weggeschmissen, und so haben wir gleich unsere Handynummern ausgetauscht.«

»Was hast du denn in München gemacht? Ich bin oft dort. Meine Lebensgefährtin ist Deutsche.«

»Sì, sì, ich weiß ... Ich weiß alles ... Irgendwann wirst du mir deine berühmte Jutta Speidel doch vorstellen, oder? Also, willst du mein Trauzeuge sein?«

Ich bin heftig versucht, spontan nein zu sagen.

»Aber ja doch, gern ... Wann denn?«

»Wir heiraten im Oktober, in Gesturi, du weißt schon, das Land der Nuraghen. Es ist wunderschön dort, warst du schon mal da? Wir werden feiern, feiern und feiern!«

Nachdem wir noch eine Weile geplaudert und uns dann verabschiedet haben, schalte ich den Fernseher aus und schiebe meine Pizza noch mal in den Ofen, denn inzwischen ist sie kalt geworden. Ich erinnere mich an den Wunschtraum meiner Jugendzeit: Ich wollte damals unbedingt auf den Komoren heiraten, da ich irgendwo gelesen hatte, Hochzeiten auf den Inseln vor den Küsten von Mosambik und Madagaskar würden auf besondere Weise gefeiert. Ich war vollkommen fasziniert von der dort sogenannten »Grand Mariage«, die bis zu neun Tage dauern kann und an der die ganze Dorfgemeinschaft teilnimmt.

Wie schön doch Hochzeiten sind! Schade nur, dass sie nicht immer halten, was sie versprechen! Ich hole die Pizza wieder aus dem Ofen und schnappe mir ein Bier aus dem Kühlschrank. Eigentlich bin ich richtig froh, dass der Cousin dritten Grades aus dem Nichts aufgetaucht ist. Maurizio hat erzählt, dass sie am Sonntagvormittag heiraten, aber das eigentliche Fest schon drei Tage vorher beginnt: mit dem Junggesellenabschied, dem Umzug der Aussteuer (der Braut) ins neue Heim und der Probe. Gibt es eine bessere Gelegenheit, mit Jutta einen so wenig bekannten Teil von Sardinien zu besuchen, der nichts mit dem Rummel und dem Luxus der Costa Smeralda zu tun hat? So ein Kurzurlaub im Spätsommer wäre doch genau das Richtige. Diese kargen unberührten Landschaften, die tausendjährige Tradition und eine ursprüngliche Küche sind doch der ideale Ausgleich für unser hektisches Alltagsleben. Tagsüber werden wir auf einem Felsen in der Sonne sitzen und eine Herde Schafe an uns vorüberziehen lassen, nachts liegen wir uns in den Armen und beobachten die Sterne ... Hektisch greife ich mir das letzte Stück Pizza vom Teller – und dann zum Telefon.

»Ach, *tesoro*, ich bin so richtig romantisch gestimmt ...«

Die Einladung
Jutta

Als die Sonne den letzten Schnee aufleckt, flattert eine vielversprechende Einladung in mein Haus in München. Vorausgegangen war ein Anruf im Januar von Bruno, ich möchte mir doch unbedingt Mitte Oktober eine Woche freihalten, denn uns erwarte eine grandiose Einladung. Mehr wolle er jetzt nicht verraten, aber ich würde staunen, denn so was hätte ich bestimmt noch nie erlebt. Bruno liebt es, mich auf die Folter zu spannen.

Sofort gehe ich in Gedanken meinen Kleiderschrank, meinen Schuhschrank, meine Handtaschen und die Schmuckschatulle durch, um festzustellen, dass fast alles zu alt und viel zu häufig getragen ist und ich außerdem schon lange nach einem Grund suche, mir was Schönes zu kaufen. Vielleicht brauche ich ja auch einen neuen Hut?

So öffne ich den rosaroten Umschlag, überlege noch, wer denn jetzt eine Tochter bekommen haben könnte, um in schnörkeliger goldener Schrift zu lesen, dass sich Maurizio die Ehre gibt, seine Giulia zu ehelichen, und man doch größten Wert darauf legt, die bucklige italienische Verwandtschaft nebst ihren Angebinden an der Seite zu haben, um diesen wichtigen Tag im Leben gemeinsam zu zelebrieren. Da Giulia, die schon jahrelang in Rom an Maurizios Seite lebt, eine echte Sardin ist, aber Großmutter, Großvater sowie sicherlich fünfzig Cousinen und Cousins und bestimmt auch Mama und Papa die Insel nur im äußersten Notfall verlassen, findet die Hochzeit tief im Süden Sardiniens in einem Dorf namens Gesturi statt. Maurizio ist einer von Brunos unzähligen Cousins, wie ich wenig später am Telefon erfahre.

Er freue sich riesig über diese unerwartete Einladung, hätte man sich doch in den letzten Jahren etwas aus den Augen verloren. Der Umstand, dass Bruno eigentlich gar nicht so genau weiß, ob er Giulia überhaupt schon mal gesehen hat, hört sich nicht gerade nach tiefen verwandtschaftlichen Beziehungen an. Aber in Italien will das gar nichts heißen, denn: *La famiglia è la famiglia.* Wir haben zu kommen, ohne Wenn und Aber. Es scheint die Familie auch gar nicht zu stören, dass Bruno geschieden ist und mit einer *tedesca* aus Bayern zusammenlebt. Sicherlich nehmen sie an, dass ich ständig in Rom um ihn herumscharwenzle, die brave Hausfrau gebe und selbstredend *un italiano perfetto* quatsche, am besten noch römischen Dialekt. Man kann nämlich einem Italiener unmöglich zumuten, Deutsch zu lernen. Diese Sprache ist kalt und hart und völlig unsexy, und jeder Mensch muss sich doch glücklich schätzen, die schönste Sprache der Welt sprechen zu dürfen.

Wie schwer sich diese metaphernreiche Sprache erlernen lässt, wenn man über *grazie* und *prego* hinauswill, kann sich ein Italiener nur schwer vorstellen. Bei Gott, ich bin wahrlich kein Sprachgenie und tue mich wirklich schwer damit. Wenn dann noch mein Gegenüber in rasendem Tempo Dialekt spricht, verstehe ich *nulla*. Warum haben eigentlich Italiener nie Zeit, langsam und deutlich zu sprechen? Wahrscheinlich, weil sie immer so unglaublich viel in einen schlichten Satz reinpacken wollen. Sie gehen nicht einfach mal kurz Brot holen, sondern erzählen ausgiebig, warum es eigentlich gerade ein ungünstiger Zeitpunkt für sie ist und man doch wirklich Wichtigeres zu tun habe. Aus allem wird ein großes Theater gemacht. Natürlich gibt's sone und solche – und ich hab eben so einen an meiner Seite. Ein Schelm, wer Schlimmes dabei denkt!

Man sollte meinen, die Aussicht, Mitte Oktober nochmals in wärmere Gefilde fliehen zu dürfen, stimmt mich glücklich. Aber derart langfristige Verabredungen machen mich eigentlich immer nervös. Weiß ich denn, ob in einem halben Jahr etwas Wichtiges ansteht? Vielleicht stecke ich mitten in einem Film oder liege mit Grippe im Bett? Aber bei dieser Einladung wird keine Ausrede akzeptiert, denn hier heißt es: Mitgefangen, mitgehangen! Gerne auch Sippenhaft genannt. Das ist überhaupt eine gute Bezeichnung für italienische Verhältnisse.

Ich will keinesfalls undankbar erscheinen, es gibt ja nun wirklich Schlimmeres, als zu einer Hochzeit nach Sardinien zu fliegen und eine Woche richtig gut zu essen, viel zu lachen und mit entzückenden alten Männern *Ballu Sardu,* den sardischen Volkstanz, zu tanzen, der einem die Tränen in die Augen treibt. Sardinien, so mutmaßt der einschlägig belesene deutsche Tourist, ist eine Insel mit endlos langen Sandstränden und unglaublich reichen Menschen, die nachts bis in die Puppen feiern und tagsüber ihre Luxuskörper der Sonne entgegenstrecken. Die Costa Smeralda, wo die Gärten der Schönen und Reichen liegen, wie man sie von Luftaufnahmen kennt, wo im Sommer die Boulevardblätter sich die Klinke in die Hand geben, um die neuesten Skandale aufzudecken! Man hat es ja schon immer gewusst, Berlusconi geht fremd!!! Skandal!

Aber kann ich mich darauf verlassen, dass Sardinien wirklich so ist? Oder muss ich mich vielleicht auf etwas ganz anderes gefasst machen? Soll ich meine Vorurteile pflegen? Hab ich nicht gerade deswegen diese Insel seit Jahrzehnten gemieden, und jetzt kann ich ihr nicht mehr ausweichen! Nicht nur die Frage, in welche Gesellschaft ich hineingerate, beschäftigt mich, sondern auch, wie ich aufgenommen werde, wie ich mich verständige, und nicht zuletzt: WAS ZIEHE ICH AN?

Nein, wirklich, verstehen Sie mich nicht falsch, aber hier wird es bereits herbsteln, und dort? Brauche ich einen Pullover, oder kann ich noch im Meer baden?

Und wie kleidet man sich als Nichtverwandte bei einer so großangelegten Hochzeit?

Highheels und Spaghettiträgerkleidchen? Und was, um Himmels willen, schenkt man einem italienischen Brautpaar? Schweißperlen zieren meine Stirn angesichts all dieser existentiellen Fragen!

1. TAG – DONNERSTAG

Ankunft in Cagliari
Jutta

Um auf Nummer sicher zu gehen und keinesfalls zu leger gekleidet zu sein, habe ich in München ein cremefarbenes Röckchen mit großen blauen Punkten und ein blaues Oberteil angezogen, dazu cremefarbene Sandaletten mit Absatz und eine passende Handtasche. Als Schutz gegen die Spätsommersonne trage ich einen großen Strohhut, und für plötzliche Schauer oder kalte Winde habe ich einen cremefarbenen Sommermantel. So kann mir nichts passieren – dachte ich.

Um 9 Uhr 20 besteige ich in München das Flugzeug, um planmäßig um 11 Uhr 10 in Cagliari zu landen. Meinen Reisekoffer mit einem traumhaft schönen petrolfarbenen Cocktailkleid, klassisch elegant und, wie mir scheint, genau richtig für diese folkloristische Hochzeit, habe ich aufgegeben. Man muss sich doch ein bisschen absetzen von der Braut, und außerdem neigen Italiener aus dem Süden zu grauenhaftem Kitsch, was sowohl ihre Kleidung als auch ihren Schmuck angeht. Es ist gut, wenn ich sofort als die *tedesca* zu erkennen bin.

Brunos Maschine aus Rom soll eine halbe Stunde nach mir landen, ich kann inzwischen mein Gepäck holen und dann bei einem gemütlichen Cappuccino in der Eingangshalle auf ihn warten. Unser Leihauto steht am Flughafen bereit, wir können gegen Mittag losfahren, gerade rechtzeitig, um eine knappe Stunde später in Gesturi vom harten

Kern der Familie der Braut in Empfang genommen zu werden. Dann folgt ein Mittagessen, und Bruno, der zum Trauzeugen erkoren wurde, muss anschließend mit Maurizio zum örtlichen Pfarrer, um die Hochzeit zu besprechen. Ich habe also genügend Zeit, um auszupacken und es mir in unserer Pension gemütlich zu machen. *Va bene!* Das ist, laut Bruno, unser Plan.

Wunderschön ist der Anflug auf die Insel. Mindestens eine Viertelstunde lang fliegen wir an der Ostküste mit ihren schneeweißen Stränden und wunderschönen Häusern entlang, und insgeheim träume ich von einem Häuschen hier, nur ein klitzekleines, maximal fünf Minuten vom Strand entfernt. Wie lange schwärme ich schon von einem Balkon mit Blick aufs Meer, wo ein Tisch und zwei Stühle Platz haben. Sonst nichts. Ein Balkon zum Träumen und Genießen.

Nach der Landung sitzen wir erst mal im Bus fest, der uns an der Gangway erwartet hat. Keine Ahnung, warum es nicht weitergeht! Endlich setzt er sich, nach einer gefühlten Viertelstunde, in Bewegung, ohne dass auch nur irgendjemand eine Erklärung abgegeben hätte. Aber das kenne ich schon aus Italien. Sicher musste der Fahrer noch einen wahnsinnig dringenden Anruf tätigen. Italiener lassen alles stehen und liegen, wenn ihr *telefonino* klingelt, und dann reden sie so laut und vor allem lange, dass jeder um sie herum mitbekommt, wie wichtig sie sind.

Es darf nicht wahr sein, jetzt hält der Bus vor der Halle und macht die Türen nicht auf!

Wenn das so weitergeht, muss nicht ich auf Bruno warten, sondern er auf mich. Passt mir gar nicht, weil ich gerne noch einen Cappuccino trinken würde, immerhin bin ich ja schon um sechs in der Früh aufgestanden. Außerdem geht mir dieses laute Gequatsche der italienischen Passagiere auf die Nerven. Was haben die eigentlich alle in München gemacht? Es sind doch gar keine Ferien! Und das Oktoberfest ist auch schon zehn Tage vorbei.

Na ja, Geschäfte werden sie gemacht haben, was sonst? In München leben angeblich sechzigtausend Italiener, und fast alle arbeiten in der Gastronomie oder besitzen ein Schuhgeschäft. Die Luft hier im Bus wird mit der Zeit nicht besser, und warm scheint es draußen auch zu sein. Die Sonne hat jedenfalls noch enorme Kraft, das merkt man sogar durch die Fensterscheiben.

Zur Toilette würde ich eigentlich auch gerne gehen. Im Flieger bin ich immer zu faul, mich durch die Reihen zu quetschen. Außerdem mag ich es nicht, wenn dann über mich getuschelt wird. Aha, die Speidel muss aufs Klo!

Jetzt kommt eine Stewardess mit Sicherheitsbeamten über das Rollfeld. Sie schwenkt Papiere in der Hand und gestikuliert lebhaft. Vielleicht ist George Clooney mit Bodyguards in der Wartehalle und gibt Interviews. Ist mir alles gleich, ich will jetzt raus aus diesem stickigen Bus. Und siehe da, endlich öffnet sich die Tür! Ein unglaublicher Lärm von Hunderten von Stimmen empfängt uns, dazwischen Gemeckere von Ziegen und Schafen, dann wiederum langgezogene »IIIIIIAAAAAAAAAHs« von Eseln. Wütende Stimmen skandieren mir unverständliche Sprechgesänge. Ich sehe nichts, denn die Türen der Halle sind geschlossen, und es müffelt ganz schön nach Ziege!

Ich kann mir keinen Reim darauf machen. Vielleicht ist eine Maschine mit einem Viehtransport gelandet, und sie müssen jetzt erst mal die Tiere versorgen? Plötzlich muss ich lachen. Wenn ich jetzt zum Beispiel gar nicht auf Sardinien gelandet bin, sondern das nur glaube und wir eine Notlandung auf einer griechischen Insel machen mussten? Na, das wäre eine Erklärung!

Um mich herum wird laut diskutiert. Ein paar Brocken verstehe ich, aber das meiste ist für mich absolut unverständlicher sardischer Dialekt, in dem sich die Konsonanten mit den Vokalen zu einem Brei vermischen, der tief im Rachen wiedergekäut wird und sich ohne Punkt und Komma in einer Buchstabeneruption entlädt. Fasziniert beobachte ich einen bäuerlich aussehenden Mann, dessen Gesicht bei jedem Wort nur so glüht. Was mag ihn so begeistern? Immer wieder verstehe ich ein Wort, das teilweise enthusiastisch und dann von anderen wiederum verärgert ausgesprochen wird, nur mir sagt es leider rein gar nichts.

»SCIOPERO, SCIOPERO«, rufen sie, »*Pecore Sciopero.*« Das muss ein wirklich wichtiger Mann sein, denk ich mir. Schräg vor mir steht ein Pärchen mittleren Alters, offensichtlich ebenso wie ich mit dieser Situation überfordert. Hilfesuchend blicken sie sich in der Menge um, bis dann ihr verzweifelter Blick an mir klebenbleibt. Ich zucke mit den Achseln, um ihnen zu signalisieren, dass ich leider auch nicht weiterhelfen kann. Ich lächle ihnen zu, um sie zuversichtlich zu stimmen. Sicherlich kommt gleich unser Gepäck, und alles wird sich klären. In Italien ticken die Menschen halt anders als bei uns in den nördlichen Gefilden. Mit etwas Humor betrachtet ist das ja auch wieder sehr lustig, und ist es nicht letztlich der Grund, warum wir Deutschen Italien so lieben? Es kann ja nicht nur an den Spaghetti liegen, die kochen wir mittlerweile ebenso gut. Die Frau lächelt zurück, ich nicke noch mal aufmunternd und sage laut: »Es wird bestimmt alles gut. Wenn Sie Probleme haben, können

Sie sich ruhig an mich wenden, ich verstehe Italienisch.«
Ich hab sie ja wohl nicht alle! Kein Wort verstehe ich.
Warum nur hab ich das gesagt? Diesen Satz werde ich
noch bereuen!

Die Rollbänder, auf denen wir sehnsüchtig unsere Koffer erwarten, stehen still. Nichts tut sich, keiner kommt und gibt eine Erklärung ab, warum wir hier wie Vieh im Stall festgehalten werden. Wenigstens eine Ansage könnten sie machen, vielleicht sogar auf Englisch, damit auch die armen Touristen Bescheid wissen. Minute um Minute vergeht, ohne dass sich auch nur das Geringste tut, und in mir steigt leichter Groll hoch. Meine einzige Hoffnung ist, dass Bruno in wenigen Minuten landet und wir dann wenigstens zu zweit in diesem Chaos stehen und er in kürzester Zeit herausfindet, was los ist.

Und wirklich, ich höre Flugzeugbrummen, das mich hoffnungsfroh stimmt. Plötzlich öffnen sich die Türen zur Eingangshalle. Ich versuche an meinem Platz zu bleiben, schließlich habe ich ja mein Gepäck noch nicht, aber ein Italiener in Uniform, Polizist oder Sicherheitsbeamter, das kann ich nicht erkennen, winkt uns, zu kommen.

»Kommen Sie bitte, hier entlang«, dann bricht eine Tirade Sardisch über uns herein, der ein absolut unverständliches Kauderwelsch, das wohl Englisch sein soll, folgt. Ich kann nicht anders, hinter mir setzt sich die Menge in Bewegung und zieht mich mit. Unbekannte Hände drücken mich nach vorne. Wie in einem Horrorfilm. Einmal in meinem Leben wollte auch ich demonstrieren, ich erinnere mich nicht mehr, wofür. Es war Anfang der siebziger Jahre. Ich marschierte friedlich, aber irgendwelche Parolen von mir gebend auf der Ludwigstraße in München, vorbei an den großen Universitäten, mit Blick auf die Feldherrnhalle. Man hatte uns gewarnt,

23

die Polizei werde hart durchgreifen, wenn es zu Ausschreitungen kommen würde. Abenteuerlustig, wie ich nun mal war, gepaart mit großer Naivität, schließlich bin ich auf dem Land aufgewachsen, also eine echte Landpomeranze, wollte ich eben auch mal ein Revoluzzer sein. Ich folgte dem Tross, die Hand nach Che-Guevara-Art kampfbereit zum Himmel emporgereckt. Plötzlich vernahm ich ein Brummen aus den Seitenstraßen, und ehe ich mich's versah, rollten Wasserwerfer auf die Demonstranten zu. Die Menge stob auseinander. Ich rannte in die Schellingstraße und konnte mich in letzter Minute in einen Hauseingang drücken, bevor ein dicker, gewaltiger Wasserstrahl an mir vorbeischoss. Für Bruchteile von Sekunden streifte er meinen Arm, und ich dachte, er wäre gebrochen. Dieses Erlebnis war wie ein Schock und hat mich für alle Zeiten von jeglichen Demonstrationen geheilt. Ich bin bei Gott kein feiger Mensch, aber Gewalt ist mir verhasst.

Genauso ohnmächtig wie damals fühle ich mich jetzt. Ich kann nicht stehen bleiben, wo ich möchte. Man bestimmt über mich und schiebt mich vorwärts. Ich werde wütend und versuche mich zu widersetzen, sinnlos.

Und dann stehe ich da! Vor mir eine Absperrung, dahinter Schafe, Ziegen, Bauern mit Transparenten, die wild durcheinanderschreien. Ein bizarres Bild. Es scheint um eine wichtige Sache zu gehen und soll wohl auch uns Touristen ansprechen. Warum sonst suchen sie sich den Flugplatz aus? Der Gestank der Viecher ist unbeschreiblich. Hinter uns schließen sich wieder die Türen, so dass ich nicht sehen kann, ob Bruno angekommen ist. Absurd!

Flug Air One 5498
Bruno

Wunderbar, wenn man nicht das ganze Gepäck mitschleppen muss! Da ich online eingecheckt habe, musste ich den großen Koffer nur am Bag-drop-Schalter abgeben. Mein Rucksack ist trotz der auf den letzten Drücker gemachten Einkäufe ziemlich leicht.

Ich steige in den Shuttlebus, der mich zum Flughafen bringt. Vor mir steht eine Frau mit enormer Oberweite. Auch an Bord ist sie vor mir, ich komme einfach nicht an ihr vorbei. Die Mikrophonstimme kündigt an, dass wir bald starten, ich verstaue mein Gepäck in der Ablage über den Sitzen. Inzwischen setzt sich die Frau auf den Gangplatz, direkt neben meinen Sitz in der Mitte. Sie ist offenbar total in Panik! Sie kennen doch diese Leute, die sich in die Seitenlehnen verkrallen, sobald das Flugzeug sich auch nur bewegt? Die schon auf der Rollbahn bleich im Gesicht werden und nach den ersten drei Minuten in der Luft ihre Mutter an eine Nomadenkarawane verkaufen würden, wenn sie dafür das Flugzeug verlassen und den Rest der Reise schwimmend zurücklegen dürften?

Genau so jemanden habe ich jetzt neben mir. Sie öffnet und schließt ständig ihren Gurt, blickt nervös zu den Stewardessen und landet schließlich, bei einer plötzlichen Turbulenz, beinahe in meinen Armen.

»Passen Sie doch auf«, knurre ich. Kaum habe ich das gesagt – patsch! –, da schüttet mir die dumme Kuh ihren Apfelsaft über meine Hose. Ich funkele sie wütend an und will ihr ordentlich die Meinung sagen, aber mein

Zorn verraucht unverzüglich angesichts dieser Körbchengröße Doppel-D.

Ich rufe die Stewardess.

»Ja bitte?«

»Ich möchte mich woanders hinsetzen.«

»Kommen Sie, in der letzten Reihe ist noch ein Fensterplatz frei.«

Ich stehe auf, quetsche mich an ihr vorbei und habe dabei nicht mal einen Gruß für sie übrig.

Mein neuer Platz ist jetzt hinter einem typisch coolen Italiener mit übergroßer RayBan-Sonnenbrille. Er sitzt ruhig, geradezu regungslos da, als habe der Sitz ihn verschluckt. Allerdings nur, bis das Essen serviert wird, denn da klappt er – schwupps – die Rückenlehne zurück. Nun hat er mit Sicherheit mehr Beinfreiheit, aber mich zwingt er so quasi dazu, das Essen aus der Schale zu schlabbern! Also wieder zurück zu Doppel-D!

Als ich an meinen alten Platz zurückkehre, erwidert sie gleich meinen Blick und sagt: »Es tut mir leid wegen Ihrer Hose.«

Sie klingt, als käme sie aus Mailand und leicht nach Upperclass.

»Kein Problem, aber wie geht es Ihnen? Immer noch nervös?«

»Ach«, stöhnt sie, »seit Jahren überlege ich mir schon, einen dieser Kurse gegen Flugangst zu machen, aber ich bin mir nicht sicher, ob sie auch helfen. Ja sicher, Autofahren ist viel gefährlicher, aber wer kann mir schon hundertprozentig garantieren, dass das Flugzeug, in dem ich fliege, nicht abstürzt? Alles Unvorhersehbare macht mir Angst.«

Jetzt, da wir uns ein bisschen unterhalten haben, ist sie mir gar nicht mehr so unsympathisch. Sie muss so um die vierzig sein und ist Art Director bei einer bekannten Werbeagentur. Sie fliegt für ein Fotoshooting nach Sardinien.

»Und Sie müssen Sarde sein! Was für eine wunderbare Insel!«

»Nein, ich komme nicht aus Sardinien, ich reise zur Hochzeit eines Vetters.«

»Ach ... wie schön!!«

Sie seufzt und lehnt sich entspannt gegen die Rückenlehne. Das deute ich als Aufforderung, die Unterhaltung fortzusetzen.

»Darf ich Ihnen eine ziemlich indiskrete Frage stellen?«

»Fragen Sie ruhig.«

»Sind die echt?«

Einen Augenblick lang glaube ich, dass sie mir nicht antwortet, aber ...

»Na sicher! Hier ist alles echt. Die waren schon so, als ich dreizehn war. Als junges Mädchen habe ich mich dafür geschämt, aber mit der Zeit ... Schauen Sie nur hin. Ich kenne das. Wenn ich mit Männern rede, wandert ihr Blick immer dorthin. Mir macht es nichts aus. Und außerdem sieht man schon, dass Sie nicht der typisch geile Bock sind, der nicht weiß, wohin mit seinen Augen.«

»Interessant«, sage ich und überlege verzweifelt, wie ich das Gespräch zurück auf ein neutraleres Gebiet lenken kann. Damit mein Blick nicht wieder in ihrem Ausschnitt landet, richte ich ihn auf die Zeitung, in der sie blättert.

»GEDULD DER BAUERN AM ENDE!« Ich lese leise vor mich hin, aber so, dass sie mich hören kann. *»Für heute wird ein Protestzug von ungefähr tausend sardischen Hirten am Flughafen von Cagliari erwartet. Und in den nächs-*

ten Tagen werden noch weitere Tausende von Demonstranten aus allen Teilen Sardiniens mit Pferden, Eseln und Ziegen dort eintreffen. Sie wollen nicht nur den Flughafen besetzen, sondern auch das Amtsgebäude der Regionalverwaltung. Die Schäfer sind verzweifelt, sie fürchten um ihre Zukunft und die ihrer kleinen Betriebe, besonders wegen des Milchpreises, ein Alptraum, der diesen Sektor tagtäglich bestimmt. Reisende, die zum Flughafen wollen, werden weder die Parkplätze noch den Wartebereich der Abflughalle erreichen können, während Passagiere, die von anderen Flughäfen eintreffen, auf Hunderte Demonstranten treffen, die das Ankunftsterminal besetzen und die Gepäckbänder lahmgelegt haben.«

Den Blick starr auf den Ausschnitt der Signora gerichtet, brülle ich: »Das Gepäck!«

Die Walküre bleibt ungerührt und zeigt nicht das leiseste Erstaunen. »Alles in Ordnung?«, fragt sie mich.

In absoluter Schicksalsergebenheit starre ich weiter in das üppige Dekolleté. Vor mir sehe ich zwei große Koffer, die auf Nimmerwiedersehen zwischen zwei riesigen weißen Brüsten verschwinden.

Der Streik
Jutta

Meine Füße schmerzen. Wenn ich meine Sandaletten ausziehe, laufe ich Gefahr, dass mir einer in dem Gedrängel auf die Zehen steigt. Lass ich sie an, kann ich bald nicht mehr stehen. Die Frage, was ich denn machen soll, hat sich nach einem Blick auf den Boden allerdings erübrigt. Nun wird mir auch klar, warum es hier so stinkt. Der Boden ist übersät von plattgetretenen Ziegenköteln, dazwischen immer wieder gelblich Feuchtes. Halleluja, wie komm ich hier bloß raus?!

Ich krame in meiner Handtasche nach meinem Handy, vielleicht ist Bruno ja schon in der Halle hinter mir, und ich kann wenigstens mit ihm reden. Es klingelt fünf- bis sechsmal, dann geht die automatische Ansage dran.

»*Al momento il cliente non è* ... blablabla.« Er scheint noch nicht gelandet zu sein, komisch!

»*Scusi, Signore, lei sa che cosa è?*«, frage ich den Herrn neben mir. Ich will wissen, was hier eigentlich los ist.

»*Certo, un sciopero di pecorai!*«

Aha, dachte ich's mir doch! »*Come?* Wie bitte?« Ich verstehe nur Bahnhof, was heißt denn nur dieses *sciopero*?

»Die Schäfer streiken und haben den Flughafen lahmgelegt«, sagt plötzlich eine Stimme hinter mir. Ich drehe mich um und blicke in die Augen eines jungen Mädchens mit Rastazöpfchen.

»Ach, wirklich? Woher wissen Sie das?«, antworte ich ihr dankbar.

»Die sind stinksauer, weil die Preise für ihre Ziegenmilch so in den Keller gegangen sind, alles wegen der Scheißmafia, die wollen das Monopol.«

Ich bedanke mich für diese Auskunft. Was gehen mich deren Milchpreise an? Erneut angle ich mein Handy aus der Tasche und wähle Brunos Nummer. Es läutet und läutet, aber er geht nicht ran. Wenigstens scheint er gelandet zu sein. Na, dann wird er ja gleich sehen, was hier für ein Chaos herrscht! Inzwischen skandieren die aufgebrachten Bauern unter dem Geläut ihrer Ziegenglocken derart laut, dass einem die Ohren weh tun. Sie rammen ihre Stecken in den Boden und schreien ihre Parolen heraus. Mir reicht's! Ich halte mir die Ohren zu und versuche, mich durch die Menschenmenge zu drängeln, links hinten in der Halle habe ich eine Bar gesehen. Der Weg zur Bar gestaltet sich äußerst schwierig. Kinder sitzen auf Rucksäcken, völlig genervte Mütter versuchen, weinende Babys zu beruhigen. Alle schreien durcheinander. Immer noch kein Bruno in Sicht. Überhaupt entdecke ich nur verzweifelte und wütende Gesichter. Nur wenige überlassen sich ihrem Schicksal und versuchen zu scherzen. Ich kann nur durch ihre Mimik verstehen, was sie bewegt, aber ich spüre eine unglaubliche Energie in diesem Raum. Wie so oft in Italien beherrscht die Emotion die Lage. Die Menschen denken nicht groß nach, sondern genießen das *casino*, wie sie so schön zu einem Durcheinander sagen. Endlich kann man mal so richtig in die Vollen gehen, ohne Rücksicht auf Verluste. Entweder sich ergeben oder ordentlich zuschlagen, lautet die Devise.

Ich quetsche mich weiter in Richtung Bar. Wenn ich auf den Tresen klettere, kann ich besser nach Bruno Ausschau halten. Leider ist hier gerade niemand, der freundlich fragt, ob man vielleicht einen Cappuccino möchte, oder, der Situation angemessener: einen Whisky. Das Personal hat sich offenbar rechtzeitig in Sicherheit gebracht, wohl ahnend, welche Meute sich hier versammeln würde. Vielleicht frage ich einen Bauern nach einem Glas Ziegenmilch, ich würde in diesem Moment alles für etwas Trinkbares geben. Beherzt schwinge ich meinen Popo auf den Tresen. Dabei rempele ich einen Mann an, und meine Tasche fällt mit lautem Getöse auf den Boden. Der Akku meines Handys fällt auch heraus, jetzt kann mich Bruno nicht mehr erreichen. Verzweifelt suche ich den Boden nach meinen Habseligkeiten ab. Mein Rock ist verschmiert, und einen Moment lang habe ich das Bedürfnis, ein paar Tränen zu verdrücken, so sehr bedauere ich mich.

Aufstand der Hirten
Bruno

An den Gepäckbändern tummeln sich Schafe, manche versuchen, sie zu erklimmen, manche blöken verängstigt. Unser Gepäckband kreist weiterhin leer vor sich hin. Nicht mal ansatzweise ein Koffer von gut hundert Passagieren, die um halb zwölf mit dem Air-One-Flug aus Rom gelandet sind. Deshalb beschließen wir um 12 Uhr 35 einmütig, zum Blitzangriff überzugehen. Der Erste, der aufbegehrt, ist ganz dem Beispiel eines verängstigten Schäfchens folgend auf das Gepäckband gesprungen, hat sich in die Ausgabeöffnung gestürzt und ist mit einer Plastiktüte auf dem Kopf wieder hervorgekommen. Ein Angestellter an der Gepäckausgabe wurde sogar von einem wütenden weiblichen Fluggast gebissen, als er sie darauf hinwies, dass er nicht für die Funktionstüchtigkeit des Bandes zuständig ist.

Ich muss an Jutta denken und hoffe, dass wenigstens sie ihr Gepäck bekommen hat. Ihr Flugzeug aus München sollte schon vor über einer Stunde landen, vielleicht hat man da noch pünktlich ausgegeben. Ich habe schon versucht, sie auf dem Handy zu erreichen, aber natürlich herrscht auch auf der anderen Seite der Glasscheibe ein solches Durcheinander, dass sie mich nicht hören kann. Ihr Telefon hat mehrmals geklingelt, aber sie geht nicht ran. Die verängstigten Schafe blöken und schließen sich mir an, in der Hoffnung, dass ich sie zu ihren Besitzern bringe. Nachdem ich endlich den Zoll passiert habe, stelle ich fest, dass es hier auch nicht besser aussieht. Trotz der Carabinieri und Polizisten in Schutzanzügen ist es einem Demonstrationszug von Hunderten Milchbauern gelungen, die gesamte Halle zu besetzen. Schafe grasen an den Ausgängen, wo es zu den Taxis und Bussen geht, oder laufen orientierungslos umher. Hier nach Jutta zu fahnden wäre, wie nach der berühmten Stecknadel im Heuhaufen zu suchen. Zwischen Spruchbändern und Sprechchören mit Slogans und höhnischen Devisen wie »1 EURO FÜR DEN LITER oder wir melken nicht mehr« schreie auch ich, so laut ich kann: »Juuttaaa! Juuttaaa!«

Die Schafe sind durstig. Ihre Besitzer haben Mühe, sie zusammenzuhalten. Einer von ihnen ruft seine Tiere und rennt ihnen hinterher. Aber die fliehen verstört und verirren sich in die umliegenden Toiletten. Ich beschließe, auf Zeit zu spielen, dränge mich zum Leihwagencounter zwischen einem Grüppchen Hirten durch, die sich erregt unterhalten: Mann, sind die wütend! Jutta wartet sicher schon irgendwo auf mich, und früher oder später werden wir uns in die Arme schließen. Der Verleih, bei dem ich den Wagen abholen muss, hat rund um die Uhr geöffnet, und da ich bereits online reserviert habe, muss ich nur meinen Voucher vorzeigen, das Auto abholen, meine Liebste einladen und dann auf nach Gesturi! Das mit den Koffern ist doch kein Drama. Wenn wir sie jetzt nicht kriegen, lassen wir sie uns eben direkt an Maurizios Adresse schicken. Heute Abend oder spätestens morgen früh wird sich alles wieder einrenken.

Die Angestellte am Schalter des Autovermieters hat gerade einen Nervenzusammenbruch. Auch sie können vorübergehend nicht weiterarbeiten, weil das Parkhaus gegenüber dem Eingang blockiert ist.

»Mein Gott, sind dort etwa auch Schafe?«, rufe ich entsetzt.

»Nein, Signore, aber da sind jetzt die Viehzüchter. Sie haben mit ihren Traktoren alle Ausfahrten besetzt, und die Autos kommen nicht raus. Hier sind jedenfalls Ihre Schlüssel. Vielleicht ziehen die ja in einer halben Stunde wieder ab.«

Also ist auch das mehrstöckige Parkhaus zum Spielball des Konflikts geworden. Die endlose Reihe von Lastwagen reicht bis an die Sperren, ebenso lang ist die Menschenschlange. Alle wollen zu ihren Autos. Ich schließe mich an. Und komme nicht weiter. Gerade hat man eine Kuh mit einer Glocke um den Hals von einem Wagen abgeladen. Der Viehhalter hat sie absichtlich vor den Haupteingang zum Parkplatz gestellt. Die Kuh heißt Ercolina und kommt aus Oristano. Sie steht symbolisch für alle Viehzüchter. Wie auf Kommando holen jetzt alle Fähnchen heraus, auf denen ihre Lieblingskuh abgebildet ist, und schwenken sie.

»WIR BLEIBEN HIER«, skandiert einer. »Sollen sie uns doch anzeigen, aber wir bewegen uns keinen Zentimeter von hier weg!«

Na, das war's dann wohl mit dem Leihwagen! Wenn man dem Mann Glauben schenken darf, haben die Bauern vor, den Parkplatz komplett zu blockieren. Sie protestieren, weil die Regierung ihnen verbietet, Milch zu produzieren, und stattdessen Milchpulver aus dem Ausland importiert. Sie sind mit ihren Traktoren aus Oristano, Cagliari, Alghero gekommen und aus vielen anderen Teilen der Insel. Sie haben ihre Frauen und Kinder mitgebracht – und Miss Ercolina. Ja, eine echte Miss! Denn Ercolina hat vor kurzem den traditionellen Wettbewerb auf der hiesigen Viehmesse gewonnen. Eine friesische

Schwarzbunte, erst sechs Jahre alt, die bis zu sechzig Liter Milch am Tag gibt. Aus der Nähe betrachtet sieht sie ziemlich rührend aus.

Ich bin erschöpft, die Situation grenzt so ans Absurde, dass ich am liebsten weinen würde. Ercolina steht da vor mir mit ihren großen Samtaugen und einem feuchten Maul. Aber wo ist bloß Jutta?

Der Mann mit dem Traktor
Jutta

Als ich mit zwanzig Jahren auf die Schauspielschule kam, stellte meine Phonetiklehrerin fest, dass ich mit einem kraftvollen Organ ausgestattet bin und es für mich nie schwierig werden dürfte, große Staatstheater zu füllen. Ein Problem jedoch, sagte sie, könne meine starke Persönlichkeit werden. Ich zeige zu viele Emotionen, wo jedoch bliebe der Kopf? Sie riet mir daher, eine Atemtherapeutin aus der renommierten Meh-Schule aufzusuchen, an der unter anderem C. G. Jung gelehrt hat. Sie sollte mir helfen, Bauch und Geist in Einklang zu bringen. Sechs Jahre habe ich diese wunderbare Atemtherapie gelernt. Vor jeder Premiere, wenn mich mein Lampenfieber zu zerreißen drohte, dachte ich an den Kernsatz, den mir meine Ida Hengst eingetrichtert hat: »Wenn du aufgeregt bist und nicht mehr weiterweißt, setz dich auf deinen Hintern und atme ein.« So, und genau das mache ich jetzt auch! Ich atme tief ein, schließe meine Augen, und nach ein paar Atemzügen spüre ich, wie meine Mundwinkel nach oben wandern und sich eine zarte, noch im Anfangsstadium befindliche Heiterkeit einstellt. Mein Körper wird leicht.

»Ist das Ihr Akku?« Ich öffne meine Augen und sehe in das strahlende Gesicht von »Rastazöpfchen«, meinem Engel.

»Ja, danke, großartig, ich hab schon den ganzen Boden danach abgesucht.«

»Ich glaube, der ist in dem Tumult in die Ecke gekickt

worden. Wollen Sie auch Ihren zweiten Schuh wiederhaben?«

Ich könnte sie knutschen.

»Danke, danke«, gebe ich liebevoll zurück. Wir müssen beide lachen.

»Was machen wir jetzt bloß hier? Wartest du auch auf deinen Koffer?«, frage ich sie. Ja, ihr Rucksack sei anscheinend noch im Flieger, und so viel sie vorhin verstanden hätte, käme wohl heute bei dem Streik kein einziges Gepäckstück mehr aufs Rollband, denn die Bauern hätten auch die Gepäckhalle besetzt. Ich mache derweil mein Handy wieder funktionstüchtig. Eigentlich will ich das gar nicht. Warum muss man immer und überall erreichbar sein?, denkt mein Dinosaurierhirn. Ich frage das Mädchen, was es auf der Insel macht und warum es so gut Italienisch spricht? Ich kann es nach acht Jahren deutsch-italienischem Bündnis nicht halb so gut! Sie erzählt mir, dass sie Archäologie in Perugia studiert und sich hier Ausgrabungen ansehen will. Freunde hätten ihr ein Sommerhäuschen angeboten, und es gebe einen Bus dorthin.

Ganz langsam löst sich die Menschentraube auf. Offenbar hat es sich herumgesprochen, dass die Koffer heute nicht mehr zu erwarten sind und das Flughafengebäude für die Passagiere der nächsten Maschine frei gemacht werden muss. Ich bewege mich Richtung Ausgang. Vielleicht holt Bruno ja schon das Auto?

Nachdem sich die Menge aufgelöst hat, packen die streikenden Schafhirten ihre Brote aus und stärken sich für das nächste Flugzeug. Ich will hier weg. Draußen herrscht ein Gewühl aus Bauern, Ziegen, Eseln und Schafen.

Endlich! Mein Telefon klingelt! Jetzt bin ich aber gespannt! Doch Bruno lässt eine Tirade los, wieso ich die ganze Zeit nicht ans Telefon gehe und wo ich überhaupt stecke. Ich komme überhaupt nicht dazwischen. Wahrnehmung und Erwartungshaltung!

»Wo bist du denn mit dem Auto?«, brülle ich in mein Handy.

»Nix Auto«, brüllt er zurück, »versuch zum Parkplatz zu kommen, da warte ich auf dich!«

»Ich sehe überhaupt nichts.« Er hat längst aufgelegt. Das ist ja mal wieder typisch, er hätte mich ja auch abholen können! Lächeln, Jutta, und tief einatmen, alles wird gut …

Also gehe ich mal nach links, vielleicht entdecke ich ja irgendwo ein Schild! Tatsächlich, nur leider ist der Parkplatz auf der anderen Seite! Also wieder zurück. Unter vielen Entschuldigungen drängle ich mich zwischen den Schäfchen hindurch, die ich ja eigentlich ganz entzückend finde, zumal sie scheu sind und ausweichen; Ziegenböcke mit ihren Hörnern sind hingegen nicht so mein Fall. Sie haaren furchtbar, und ganz sauber sind sie auch nicht.

Nach kürzester Zeit ist mir klar: Mantel und Rock waren mal cremefarben. Ich muss aufpassen, dass mich so ein Hörnchen nicht auch noch aufspießt und mir ein Loch reinreißt. Da merke ich, dass irgendetwas an meinem Mantel zupft. Erbost zerre ich einer fetten Ziege den Zipfel meines wunderschönen Sommermantels aus dem Maul.

Plötzlich höre ich einen ohrenbetäubenden Pfiff. Den lautesten meines Lebens! Und nachdem ich mich von dem Schreck erholt habe, entdecke ich meinen Liebsten!

»Bruno, Bruno, hier bin ich!«

»Mäh«, antwortet das Schaf neben mir, ich kämpfe mich weiter zu meinem Lebenspartner durch.

»Bruuuuno!«

Endlich blickt er in meine Richtung. »Ja, hier kommst du gut durch! Das ist übrigens Claudio«, stellt er mich einem verdächtig nach Ziege riechenden Mann vor, dem ich vor Erleichterung beinahe um den Hals falle. Claudio ist ein heiterer, zufriedener Zeitgenosse, dessen Lippen an einer halb aufgerauchten krummen Zigarre hängen, die an seinem Schnurrbart festgewachsen zu sein scheint. Sein Alter ist schwer zu schätzen. Viel Sonne und Luft haben sein Gesicht gegerbt. Strahlend blau blitzen seine Augen unter buschigen Augenbrauen hervor.

»Also, hör zu«, sagt Bruno. »Es sitzt zwar jemand am Schalter von Rent-a-Car, aber die Autos auf dem Parkplatz sind von streikenden Bauern mit ihren Viechern umzingelt, und man kann unmöglich rausfahren. Ansonsten gibt es keine andere Möglichkeit, an ein Auto zu kommen, die nächste Autovermietung ist circa sechzig Kilometer von hier entfernt an der Küste.«

»Na gut, dann fahren wir halt mit dem Bus nach Cagliari rein und nehmen uns dort ein Auto«, schlage ich vor. Bruno jedoch kann es nicht leiden, wenn jemand seine Pläne durchkreuzen möchte.

»*Amore*, wir kriegen kein Auto«, seufzt er. Claudio habe freundlicherweise angeboten, uns zu sich nach Hause mitzunehmen. Sein Bruder lebe nur wenige Kilometer von ihm entfernt und habe ein Auto, mit dem könne er uns nach Gesturi zu Maurizio und Giulia bringen. Ich solle ihm vertrauen, er wisse schon, was zu tun sei, schließlich sei das hier seine Heimat und nicht meine.

Rums, da hab ich ja mal wieder was um die Ohren geknallt bekommen! Ich frage mich, mit welchem Gefährt uns Claudio mitnehmen will, bin aber lieber still. Nach einem Mercedes Cabrio sieht er nicht gerade aus.

Ob ich denn inzwischen am Lost-and-found-Schalter gewesen sei und unser Gepäck als vermisst gemeldet habe, fragt mich Bruno.

»Nein, hab ich nicht, es ist ja deine Heimat und nicht meine«, gifte ich zurück.

»Dann mach ich das jetzt, und du bleibst hier bei Claudio«, sagt er und verschwindet.

O Mann, was rede ich denn jetzt mit diesem Schafhirten?, frage ich mich und lächle ihn erst mal an. Er nickt kurz zurück und wendet sich seinem sardischen Gegenüber zu. Laute, wie mit der Zunge geschnalzt, dringen zwischen Schnauzer und Zigarre hervor, ein Strom von Konsonanten und Vokalen, der sich mit dem Singsang des männlichen Gegenübers vermischt. Sie scheinen Wichtiges zu besprechen, denn immer wieder nickt einer und tut seine Zustimmung kund. Irgendwann murmelt Claudio etwas Unverständliches und zieht mich weg. Was soll ich tun, mitgehen oder hier auf Bruno warten, der mich dann wieder anschnauzt, warum ich mich nicht an die Vereinbarung halte? Ja, wie denn, wenn ich nicht kapiere, was man mit mir vorhat? Ich lasse mich jetzt einfach treiben. Bruno hat völlig recht, ich muss ihm einfach vertrauen.

Als ob ich's nicht fast geahnt hätte, öffnet Claudio nach einer Weile die Klappe seines Anhängers. Er hievt seine Ziegen darauf, klettert hinterher, nimmt eine Obstkiste, staubt sie kurz mit der Handfläche ab und legt einen Kartoffelsack drüber. Dann reicht er mir seine schmutzige Hand. Oben angekommen, bedeutet er mir, mich auf die von ihm so liebevoll hergerichtete Sitzgelegenheit zu setzen. Jetzt ist das cremefarbene Röckchen restlos hinüber! Mein Hut ist verrutscht! Das Stück Mantel, das ich aus dem Ziegenmaul gerettet habe, klebt eklig, und meine Absätze sind kotverschmiert. ICH KÖNNTE HEULEN!!!

Claudio hüpft vom Anhänger und schließt die Klappe hinter mir, damit ich auch ja nicht fliehen kann! Dann geht er weg. Warum lassen mich heute eigentlich alle allein? Ich blicke in die Augen der mir freundlich zugewandten Mutterziege. Sie scheint den Tränen nahe zu sein. Sicher findet sie das hier ebenfalls alles gar nicht komisch. Kein Grashalm weit und breit, nichts zu trinken und dann dieser Lärm. Sanft streichle ich ihren Kopf, was sie damit quittiert, dass sie den Ärmel meines Mantels blitzartig in ihr Maul nimmt.

»Aus, aus«, schreie ich sie an, meine Sympathie für sie ist schlagartig verflogen.

So sitze ich nun mutterseelenallein auf diesem Anhänger. Ich kann mich nicht erinnern, jemals in so eine Situation geraten zu sein. Wenn es nicht zum Heulen wäre, so wär's schon wieder komisch.

Nach einer Ewigkeit tauchen Bruno und Claudio auf.

»*Tutto bene, amore?*«, ruft er mir entgegen.

»*Molto bene!*«, sage ich voller Sarkasmus.

Zufrieden hüpft er vorne ins Führerhäuschen. Ich bin sprachlos! Nicht mal gefragt hat er mich, ob ich nicht lieber vorne sitzen will. So ein italienischer Obermacho, das ist ja das Letzte!

»*Amore*«, ruft er mir über die Schulter zu, als hätte er meine Gedanken erraten, »weißt du, es ist besser, ich sitze hier vorne, dann kann ich mit Claudio alles besprechen, du verstehst ihn ja nicht. Und außerdem bist du ja viel tierlieber als ich.« Er zwinkert mir zu, der Schuft. Ich schwöre Rache! Dann startet Claudio mit viel Getöse den Motor, und wir rattern los. In meiner Handtasche piepst es, mein Akku gibt seinen Geist auf, das Ladegerät ist im Koffer.

Claudio und der Pfiff alla pecorara
Bruno

Er heißt Claudio, ist fünfundfünfzig und einer der Viehzüchter von der Bewegung Sardischer Hirten. Er lebt in Monastir, Provinz Cagliari, zusammen mit seiner Frau Anna und fünfunddreißig Schafen, fünf Ziegen, acht Wildschweinen, drei Mufflonschafen und zwei Eseln. Er steht jeden Morgen um fünf Uhr auf, um diese ansehnliche Herde auf die Weide zu führen und den Schafstall auszumisten. Vor halb acht Uhr abends betritt er nie sein Wohnzimmer. Freie Tage gibt es für ihn nicht, denn Tiere müssen bekanntlich immer fressen. Eigentlich missfällt ihm das nicht, er liebt seine Tiere, sie sichern ihm sein Überleben und sein Auskommen. Anna bewundert ihren Mann, obwohl er nach Schafstall stinkt und nie merkt, wenn sie mal eine andere Frisur hat oder ein neues Kleid trägt.

»Was weiß ich denn schon von Mode? Ich kenne gerade mal die Wolle, die ich den Schafen abschere«, sagt er.

Claudio und Anna leben in einer Behausung ohne Heizung und Telefon. Mehr können sie sich nicht leisten.

»Der Milchmarkt ist furchtbar geworden. Vor fünfundzwanzig Jahren bekamen wir für einen Liter Milch 1320 Lire. Heute gibt man uns gerade mal 55 oder 60 Cent dafür, das sind 1100 Lire. Und wie viel teurer ist das Leben in den letzten fünfundzwanzig Jahren geworden? Alles kostet das Dreifache, und unsere Arbeit ist nur noch ein Viertel wert, das ist schlimm. Und dann sollen wir auf die Zukunft vertrauen. Welche Zukunft?«

Immer wieder verfällt er in tiefstes Sardisch.

»Was soll ich denn machen, wenn ich den Preis nicht akzeptiere, den die Käufer uns aufzwingen? Die fahren nach Rumänien, kaufen die Milch dort und schlagen dann hier zweihundert Prozent drauf! Da muss ich ja verhungern! Ich bin heute Morgen um vier Uhr aufgestanden, um hierherzukommen und zu protestieren. Ich verlange doch nur ein bisschen Respekt vor meiner Arbeit und ein paar Kleider für meine Frau. Ist das denn zu viel verlangt?«

So langsam verstehe ich die Hintergründe dieser seltsamen Blockade. Offenbar lassen sich Milcherzeuger in anderen Teilen Europas leichter unter Druck setzen, und deshalb wird dort eingekauft. Die weiterverarbeitenden Betriebe haben die neuen Verträge noch nicht unterschrieben, doch die Hirten können nicht länger warten, denn inzwischen reift der Käse, und dabei verliert er an Gewicht.

»Unser Preis ist fair. Und fair ist ein Preis nur dann, wenn er den Verbrauchern ein gutes, reines Produkt garantiert. Das muss für alle Bauern und Hirten auf der ganzen Welt gelten.«

Man sagt den Sarden ja nach, sie seien stur bis zur Starrköpfigkeit. Das stimmt. Aber damit liegen sie absolut innerhalb der landesweiten Norm: Sie sind bestimmt sturer als wir aus den Abruzzen, aber bei weitem nicht so wie die Menschen aus der Lombardei. Sarden gelten als rachsüchtig. Ich würde sagen, sie wollen weniger Rache als ihre Rechte. Zumindest Claudio gehört zu dieser Sorte, und wenn er heute nicht hier wäre, um die ihm zustehenden Rechte einzufordern, wäre er kein Sarde.

Gastfreundschaft sagt man den Sarden ebenfalls nach. Das stimmt hundertprozentig.

Denn schon nach etwa zwanzig Minuten bietet mir Claudio an, bei ihm zu Abend zu essen und zu übernachten. Die Straßen nach Cagliari seien alle gesperrt, sagt er, und vor 21 Uhr werde sich daran auch nichts ändern. Mit seinem Traktor könnten wir auf einem anderen Weg in einer knappen Stunde sein Heim erreichen. Und sollte morgen die Blockade fortgesetzt werden, so ließe sich dann bestimmt besser eine Mitfahrgelegenheit nach Gesturi organisieren.

»Das ist sehr freundlich, Claudio«, bedanke ich mich, »aber ich kann doch nicht ohne meine Jutta weg!«

Da die Halle überfüllt ist und der Lärmpegel ständig weiter anschwillt, reden auch wir immer lauter.

»Wer ist Jutta?«, fragt Claudio.

»Meine Lebensgefährtin aus Deutschland ... Sie müsste schon heute Vormittag mit dem Flugzeug aus München gelandet sein. Wir hatten uns hier in der Halle verabredet. Aber wir haben uns noch nicht gefunden.«

»Hast du es schon mal mit Pfeifen probiert?«

Er meint den berühmten Hirtenpfiff, bei dem man mit gespitzten Lippen einen so gellenden Ton erzeugen kann, dass einem davon die Ohren klingeln. Der Pfiff *alla pecorara*, nach Hirtenart, erklärt mir Claudio, ist ein revolutionärer Pfiff. Damit kann man sich über weite Entfernungen verständigen und jedermanns Aufmerksamkeit erregen.

Dann folgt Claudios Auftritt, weit besser als Trapattoni, als der seine Bayern zusammenstauchte. Mit einem unglaublichen Pfiff bringt er alle Anwesenden einschließlich der armen blökenden Schafe zum Schweigen.

»FIIIIIIIIIIIIIIIIIIIIIIII ....«

Stille.

»Jetzt hat sie uns bestimmt gehört.«

In der Halle ist es plötzlich ruhig geworden. Alle Augen sind auf uns gerichtet. Und in der allgemeinen Stille hört man leise, aber deutlich vernehmbar:

»Ich glaub, ich spinn!«

Da steht sie und sieht mich mit großen Augen an!

»Was kann ich dafür, *amore*? Wer konnte so ein Chaos voraussahnen! Reg dich nicht auf, du wirst sehen, alles kommt wieder in Ordnung. Das hier ist Claudio, er hat uns netterweise angeboten, uns auf seinem Traktor mitzunehmen. An unseren Mietwagen kommen wir nicht ran. Aber jetzt lass mich Maurizio anrufen, bevor es zu spät ist ...«

»Sag mal – spinnst du?«

Die Vorstellung, vom Flughafen auf dem Traktor eines Unbekannten zu verschwinden, scheint sie ziemlich aufzuregen. Und wenn ich ihr jetzt noch erzähle, dass er uns sogar angeboten hat, bei ihm zu Hause zu übernachten ... Ich halte mich lieber etwas zurück und spare mir die Einzelheiten für später auf. »Ciao, Maurizio, du bist es – endlich! Mein Akku ist gleich leer. Wir haben wegen des Streiks ein paar Probleme. Du hast davon gehört? Hör mal, heute Nacht werden wir woanders unterkommen. Aber morgen Nachmittag sind wir da ...«

Die Wut der Demonstranten ist jetzt wieder aufgeflammt, und zwar noch heftiger als vorhin, die Traktoren auf der breiten Straße vor dem Parkhaus versperren weiter den Weg.

Es ist beinahe drei Uhr am Nachmittag, als wir die klapprige, laute Landmaschine mit Anhänger besteigen, auf deren Ladefläche Claudio einen hübschen Sitz für Jutta improvisiert hat. Ich setze mich vorne neben ihn. Wir sollen uns gut festhalten. Der Weg über diese

Schotterstraße wird ein bisschen holprig wegen der vielen Schlaglöcher, die der Regen der vergangenen Tage verursacht hat. Doch Claudio versichert uns, es werde auf jeden Fall aufregend. Als wir die Hauptstraße am Flughafen verlassen und in den ersten Weg bergaufwärts einbiegen, haben Jutta und ich nur noch eine Sorge: wie wir den Zweigen und stachligen Ästen der Bäume ausweichen können. Jutta weist mich auf einen Abhang am Wegesrand hin, der im Nichts endet … Ich traue meinen Augen nicht. Mein Adrenalinpegel steigt rasant. Wo sind wir bloß gelandet?

»Haltet euch gut fest!«, ruft Claudio.

Ein abruptes Einschlagen nach links, und wir haben die Kurve hinter uns gelassen. Vor uns öffnet sich eine faszinierende, ursprüngliche, beinahe archaische Landschaft. Claudio erklärt uns, dass es auf der gesamten Insel keine Autobahnen gibt und auf der Staatsstraße 131 wegen Bauarbeiten nur Chaos herrscht. Daher muss man, wenn man dem Verkehr ausweichen will, diese Schotterstraße hoch.

Wir fahren durch die Dörfer Truncu, Case Marini, San Sperate und dann weiter in Richtung Monastir. Wir sind mitten im Campidano, der einzigen Ebene auf Sardinien, wo es, Gott sei Dank, nur wenige Kurven gibt und die Landschaft einen für alles entschädigt. Jetzt ist alles um uns herum sattgrün. Fast wie in Irland!

Jutta sieht ziemlich erledigt aus, und so lese ich ihr etwas aus unserem Reiseführer vor, um sie auf andere Gedanken zu bringen: »Wenn Insel nicht nur ein Stück Land bezeichnet, das von allen Seiten von Wasser umgeben ist, sondern auch so etwas wie eine Erdscholle, die deutlich vom Festland entfernt ist, ist Sardinien unter den größeren die einzig wahre Insel Italiens.«

»Etwas lauter, Schatz!«

»Ihre Küsten sind einhundertachtzig Kilometer von Afrika entfernt, einhundertneunzig von den Badeorten des Argentario der Toskana, zweihundertdreißig Kilometer von Rom, zweihundertachtzig von Sizilien, dreihundertdreißig von den Balearen, dreihundertfünfundsechzig von Marseille, achthundertzwanzig von München und eintausendsechshundertfünfzig Kilometer von Berlin ...«

»Du hast noch nicht die Kilometer gezählt, die wir auf diesem verdammten Traktor zurücklegen müssen, und wie viele uns von deinem Cousin dritten Grades trennen, und nur seinetwegen bin ich jetzt hier! Da hätte ich doch lieber eine Woche an der Costa Smeralda verbracht, als hier auf einem Viehwagen durch die Gegend zu tuckern, noch dazu mit einem Hirten, der gegen den Wind nach Schaf stinkt.«

»Jutta, bitte, er kann dich hören ... Außerdem sollten wir ihm dankbar sein. Wäre er nicht gewesen, säßen wir jetzt noch auf dem Flughafen fest!«

»Seit wann versteht dein Freund hier denn Deutsch? Sag ihm lieber mal, er soll nicht so heftig in die Schlaglöcher fahren.«

»Psst – er sieht dir an, dass du wütend bist. Außerdem gehört nicht viel dazu, um mitzubekommen, dass du ihn nicht magst ...«

»Hast du wenigstens die Nummer von der Gepäckstelle dabei? Verlier bloß nicht die Abschnitte der Tickets, sonst bekommst du die Koffer nie zurück.«

»Keine Angst, ich habe auch Maurizios Adresse und Telefonnummer hinterlassen, falls wir sie morgen nicht abholen können ...«

»Waaaas?«

»Reg dich nicht auf, das wird nicht passieren. Aber sollte sich der Streik hinziehen, wissen sie wenigstens, wo sie sie hinschicken sollen.«

»Kruzitürken!«

So geht es während der ganzen Fahrt.

Claudio bleibt immer fröhlich und liebenswürdig, er ist ein Bauer mit sympathischem, offenem Gesicht und schwieligen Händen. Der klapprige Traktor, ein alter Landini aus den siebziger Jahren, ist Zeuge einer längst vergangenen Zeit. Ein bisschen rückständig, aber sehr ähnlich denen, die ich aus meiner Kindheit in den Abruzzen kenne.

Wir zuckeln weiter auf dem alten Landini und werden ordentlich durchgeschüttelt. Da der Traktor nur mit zwanzig Stundenkilometern fährt, bleibt uns Zeit, die Menschen unterwegs zu beobachten und selbst die kleinsten Veränderungen auf ihren Gesichtern wahrzunehmen: zum Beispiel die erschöpft, aber zufrieden wirkende Bauersfrau, die mit einem Sträußchen Rosmarin in der Hand auf dem Heimweg ist und den mürrischen Hirten grüßt, dessen Esel zwei Körbe mit Käse und geräucherter Wurst auf dem Rücken trägt. Jutta ist ganz hingerissen, als sie eine Wiese voller blühender lilafarbener Kardendisteln ausmacht.

Nur Gott allein weiß, wie Claudio ihre Gedanken gelesen hat, jedenfalls steigt er geräuschvoll in die Bremsen, der Traktor macht einen Riesensatz, Jutta plumpst heftig mit dem Hintern auf die Ladefläche des Anhängers, und Claudio springt aus der Kabine des Traktors.

»Nehmen Sie, Jutta, unsere sardischen Karden bringen Glück.« Da sie ihn verdutzt anschaut, schalte ich mich ein und übersetze Claudios Rede: »Unserer Überlieferung nach haben die jungen Mädchen sie gesammelt, in ein Glas Wasser gestellt und eine ganze Nacht lang auf dem Fensterbrett stehen lassen. Je nachdem, wie die Distel am nächsten Morgen aussah, las man daraus das eigene Schicksal. War sie wieder aufgeblüht, bedeutete es, dass das Mädchen einen reichen Ehemann finden würde, wenn nicht, würde ihr Mann arm sein.«

»Danke, Claudio, man sieht schon, dass meine Blüte verdorrt war.«

Das übersetze ich lieber nicht, was Jutta gleich mit einem zornigen Blick quittiert. Claudio schwingt sich unterdessen wieder hinters Lenkrad und lässt den Motor an. Die Natur genießend, legen wir den restlichen Weg bis zu Claudios Behausung zurück.

»Hier hinauf schaffen es sogar die Ziegen nur mit Mühe«, sagt Claudio. »Bei Regen muss man reiten, denn die Straße ist schon dreimal abgesackt. Nehmen Sie, das ist eine Petroleumlampe für die Nacht. Wir können uns nicht einmal eine Melkmaschine leisten. Wir haben weder das Geld, um sie zu bezahlen, noch den Strom, um sie zu betreiben. Es gibt schon Leute hier, die ihre Ziegen maschinell melken lassen und abends mit dem Geländewagen nach Hause kommen, in Kaschmirpyjamas schlafen und Plasmafernseher haben. Aber Anna und ich, wir sind arme Leute. Strom gibt es bei uns nur im Haus. Ja, meine Lieben, Sardinien ist nicht nur die Costa Smeralda.«

Im Steinhaufen
Jutta

»Mein Akku ist leer«, rufe ich Bruno zu. »Hast du eigentlich deinen Cousin erreicht? Es ist schon Nachmittag, du wolltest doch mit ihm zum Pfarrer gehen?!«

Eigentlich kann es mir ja egal sein. Mein Problem ist eher, wie ich mit den blauen Flecken, die ich mir hier auf meiner Kiste auf- und abhüpfend am Po zuziehe, die stundenlange Trauungszeremonie überstehen soll. Die Bänke sind mit Sicherheit katholisch karg und hart.

Ob es etwas ausmacht, wenn Bruno nicht mit zum Pfarrer geht? Notfalls kann er ja noch morgen früh zu dem Geistlichen gehen. Die Hochzeit ist ja erst am Sonntag. Mir ist es eh ein Rätsel, was wir so lange in Gesturi vorbereiten sollen. Aber irgendwie freue ich mich darauf. Wenn wir erst mal da sind, wird es bestimmt wunderschön. Hoffentlich passt mir mein Cocktailkleid dann noch. Zweimal am Tag Pasta und Fleisch, Käse und *dolci* schaffe ich nicht. Zumal Italiener ihre üppigen Mahlzeiten nie vor neun Uhr abends beginnen. Ich schwelge in Gedanken an eine Karaffe kalten Landwein, dazu Ziegenkäse mit sardischem Brot, Oliven und tausend lustige Geschichten über das Brautpaar.

»Hast du Hunger, *amore*?«, fragt mich Bruno. Er kann wirklich Gedanken lesen.

»Und wie!«, antworte ich.

»Ich auch«, sagt Bruno. »Claudio hat uns gerade eingeladen, bei ihnen eine Kleinigkeit zu essen. Wenn wir warten müssen, können wir auch gleich was essen. Jetzt ist es auch schon egal, wann wir in Gesturi auftauchen, die Alten schlafen nachmittags, und Maurizio ist beim Pfarrer. Ist das okay für dich?«

Nett, dass er mich fragt, denke ich mir, dann ist ja wieder alles in Ordnung. Sehr viel fröhlicher betrachte ich die karge und hügelige Landschaft. Ländlich ist es hier, wenig besiedelt. Mal ein Dörfchen auf einer Anhöhe, dann wieder kilometerweit nur Felder. Sie sind abgeerntet, es ist auch hier trotz warmer Sonne herbstlich. Schon nach vier Uhr. Mein Gott, wie schnell die Zeit vergangen ist. Sicher wird es in zwei Stunden dunkel. Schade, nun ist der erste Tag fast vorbei, und ich habe noch nichts von der Insel gesehen.

Wir biegen in einen Feldweg ein, der steil hinaufführt. Ich muss mich festhalten. Die Ziegen stützen sich mit ihren Hinterläufen ab, anscheinend kennen sie das. Endlich stehen wir vor des Schäfers Palast: einem kleinen Steinhaufen mit einem Fenster und einer grünen Holztür. Claudio pfeift durch die Finger, und eine ältere, magere Frau tritt aus der Haustür, sagt etwas zu ihm und wirft uns einen leicht irritierten Blick zu. Zwischen den beiden entspinnt sich eine kurze Diskussion, die eindeutig nicht wohlwollend ist, was uns betrifft.

»Komm, er soll uns schnell zurück zur Hauptstraße bringen, lieber trampe ich nach Gesturi, als diesem Drachen ausgeliefert zu sein«, zische ich Bruno leise zu.

»Das geht nicht, das ist unhöflich, er hat uns zum Essen eingeladen«, entgegnet dieser.

»Aber sie will uns hier nicht haben, das siehst du doch. Bitte, Bruno, ich will hier weg.« Doch er würde niemals eine Einladung ausschlagen, die ein einfacher Bauer in seiner Großzügigkeit ausgesprochen hat.

Claudio öffnet die Ladeklappe, die Ziegen springen

so schnell sie können vom Hänger und rennen zu einem klapprigen Türchen, das an einem Drahtzaun hängt. Dahinter sind noch mehr Ziegen und Schafe. Zu meinem Erstaunen suhlt sich auch eine Herde Wildschweine in einer schlammigen Pfütze. Bestimmt sechs oder sieben kleine Frischlinge sind darunter. Dann gibt es noch zwei Esel. Alle leben zusammen in einem Verschlag. Ärmlich, aber eine Idylle. Selten hab ich mich so deplatziert gefühlt in meinem Outfit.

Was muss diese Frau von mir denken? Wie soll ich ihr sagen, dass ich keine deutsche Zicke bin, sondern nur so aussehe?

Sie winkt mich zu sich herein in den Steinhaufen. Bruno darf sich die Wildschweine aus der Nähe ansehen. Ich könnte laut loslachen, denn ich weiß, dass er sich gerade vor Angst fast in die Hosen macht. Das geschieht ihm recht, soll ihn ruhig der Eber über den Hof jagen, feixe ich.

Claudios Frau drückt meine Hand. »*Sono Anna, e tu?*«, fragt sie. Hurra, ich hab was verstanden!

»*Sono Jutta*«, antworte ich.

»*Udda, ah, sì.*« Sie reicht mir ein schmuddeliges Glas mit Wasser. Dankbar nehme ich es an, es wird mich schon nicht umbringen.

Anna, durchaus nicht so unfreundlich, wie mein erster Eindruck war, mustert mich noch einmal ausgiebig, um dann ein bewunderndes »*Sei bella*« loszuwerden. Sie zupft begeistert an meinem angeschmuddelten Röckchen und fragt mich, ob ich Deutsche bin. »*Sei tedesca?*«

»*Sì, sì, di Monaco, München, sono una bavarese.*«

»Uiuiui, Oktoberfest«, strahlt sie, um gleich darauf zu bezeugen, dass sie Bier kennt.

Na, sie scheint doch nicht völlig hinter dem Mond zu

leben. Sicher haben sie hier irgendwo auch einen Fernseher versteckt.

Als es wenig später im Steinhaufen so dunkel ist, dass man kaum mehr etwas sehen kann und Anna mit Getöse einen Generator unweit von hier in Gang setzt, wird mir klar, dass hier doch kein Fernseher versteckt ist, ebenso wenig wie ein Radio. Auch entdecke ich kein Telefon, aber mit Sicherheit haben sie ein Handy! Sonst muss man die beiden ins Guinnessbuch der Rekorde eintragen lassen – als einzige Italiener ohne Telefon.

Draußen höre ich die beiden Männer angeregt reden, Claudio kommt herein und holt zwei Gläser. Von einem Steinvorsprung nimmt er eine Flasche und entschwindet, nicht ohne Anna ein paar Worte zuzurufen, die ich nicht verstehe. Ich überlege, welchem Sprachstamm Sardisch wohl entsprungen ist. Fast glaube ich, arabische Worte herauszuhören. Wer weiß, welche Seefahrer hier vor Jahrhunderten gestrandet sind? Schon verrückt, wie sich eine Sprache verändert, sobald sie anderen Einflüssen ausgesetzt ist. Ich muss bloß an den tiefsten bayrischen Wald und seine Urlaute denken, da muss ich mich auch sehr konzentrieren, um etwas zu verstehen.

Hinsetzen kann man sich in dem Raum eigentlich nicht, ohne in die Privatsphäre der beiden einzudringen. Es ist mir unangenehm, mich hier aufzuhalten, aber die beiden Männer haben so gar keine Anstalten gemacht, mich mitzunehmen, also bleibe ich lieber hier. Ob sie denken, dass wir zwei Frauen uns unglaublich viel zu erzählen haben? Über Kindererziehung oder Nagelverlängerungen?

Einen kleinen Tisch gibt es hier und einen Schemel, auf dem sich Klamotten türmen, eine Kommode und ein langes Brett, auf dem Töpfe, Tassen, Teller und Besteck stehen. Ich möchte nicht sagen, dass es schmuddelig ist, aber von so kläglicher Armut, dass es mein Herz erbarmt. Aber Anna scheint stolz darauf zu sein, und nun ist es an mir, beschämt zu sein. Ich weiß doch eigentlich von meinen vielen Reisen, wie unterschiedlich die Ansprüche der Menschen auf dieser Welt sind und wie wenig Glück mit Reichtum zu tun hat. Je weniger ich mich darum kümmere, was andere besitzen und was man unbedingt haben muss, desto freier und glücklicher kann ich doch leben. Anna öffnet am Boden eine kleine Holzluke und holt eine Salami und einen tiefen Teller mit einem weißlich gelben wabbeligen Käse heraus.

»*Fatto mano*«, sagt sie stolz. Alles handgemacht! Mein Magen knurrt unüberhörbar beim Anblick der Salami. Anna lacht und schneidet mir ein Stück von der Wurst ab. Dem Himmel sei Dank, ich kann mich gar nicht mehr erinnern, wann ich das letzte Mal etwas gegessen habe. Die Salami schmeckt etwas eigen, aber nicht schlecht. Nein, ganz und gar nicht übel.

»*Che carne, Anna?*« Woraus ist sie?

»*Certo pecore, Signora Udda, buono?*« Natürlich Schaf! Ob sie mir schmeckt?

»*Sì, sì, molto buono, grazie, Anna!*« Das Eis ist gebrochen. Sie fängt an, wie ein Wasserfall zu reden. Lacht wie ein kleines Kind, wenn sie etwas offensichtlich Lustiges erzählt, und ich versuche, ein paar Brocken zu verstehen. Schließlich komme ich dahinter, dass sie leidenschaftlich gerne kocht und sie mir jetzt ihre Küche zeigen möchte. Wieder öffnet sie die Luke im Boden. Eine schmale Leiter führt in einen tiefer gelegenen Hohlraum, die Speisekammer. Kühle dringt von unten herauf. Anna bedeutet mir, hinunterzusteigen und ihre Schätze zu betrachten. Sorgfältig ausgehoben ist dieser Raum, in dem ein Mensch meiner Größe aufrecht stehen kann. An den erstaunlich glatten Wänden sind Regale angebracht, voll mit riesigen Käselaiben. Butterfässer stehen auf dem Boden. Anna lässt mich probieren. Sie schneidet mir bei jedem Fass ein Stückchen Butter ab, und auch sie schmeckt sehr eigen, aber köstlich, besonders die gesalzene. Ich habe noch nie Ziegenbutter gegessen. Dann schiebt sie mir ein Stück Käse in den Mund, und ich könnte mich augenblicklich über den ganzen Laib hermachen. Ein wunderbarer Schafskäse liegt hier im Erdloch versteckt, und die Welt weiß nichts davon. Noch nicht mal Schuhbeck!

Vielleicht lass ich mich einfach hier mit einer Kerze, einem Krug Wein und einem Stück Brot bis morgen einschließen ... Ich hätte nichts dagegen. Als ich Anna mein Kompliment für diese Köstlichkeiten mache, habe ich restlos ihr Herz gewonnen. Sie zeigt auf die lange Stange, die von der Decke herabhängt, um die Hunderte von kleinen Würstchen, aufgereiht wie eine Perlenkette, geschlungen sind.

»*Salsicce, buone, prova!*« Und schwupp! hab ich ein geräuchertes Schafswürstel im Mund. Ich könnte sterben, so gut ist es, aber höllenscharf. Über einer anderen Stange hängen, schön in Reih und Glied, Fettuccine, Spaghetti, Tagliolini, *fatto mano, certo!*

»*Vuoi, Signora Udda?*« Ich nicke, was soll ich sonst hier in Schlaraffenhausen tun? So packt sie eine Handvoll Pasta, zwei Höllenwürstel, ein großes Stück Schafskäse und einen Plastikkanister mit Olivenöl, sicher auch aus eigener Produktion, und stemmt alles nach oben. Ich folge ihr.

Dort gibt es einen kleinen Nebenraum mit einem alten gusseisernen Herd, einem Backofen und einer Wasserstelle. Darüber entdecke ich, in Stein gehauen und halb in die Mauer versenkt, ein Ungetüm, halbrund wie ein Iglu mit Eisentür.

»*Che cosa, Anna?*« Was ist das?, frage ich. Sie legt den Finger an den Mund, blitzt mich mit kohlrabenschwarzen Augen an und öffnet die Eisentür. Ein Duft von kalter Holzkohle, vermischt mit Speck, versetzt meine kleine Nase augenblicklich in Trance. Hier also werden die *salsicce* geräuchert. So einfach alles und doch so ausgeklügelt. Das ist die kleine Fabrik von Anna und Claudio. Ihre Lebensgrundlage, ihre Selbständigkeit, ihr Reichtum. Dafür geht Claudio auf die Straße und kämpft. Augenblicklich hege ich volle Sympathie für diese beiden fleißigen Menschen.

Feuchtigkeit steigt von dem dunkelbraunen Lehmboden vor dem Häuschen auf, und die tiefstehende Sonne taucht alles in ein sattorangenes Licht. Während ich diesem Schauspiel zusehe, befällt mich eine Vorahnung, dass unser Aufenthalt hier nicht von kurzer Dauer sein wird. Bruno ist nirgends zu sehen, und nur ganz entfernt vernehme ich Stimmen. Natürlich bin auch ich beeindruckt von der Gastfreundschaft der beiden, aber von einem ausgiebigen Abendessen, das Anna dem Klappern der Töpfe nach zu schließen offensichtlich zubereitet, war bislang nicht die Rede.

So mache ich mich auf die Suche nach den beiden Männern. In spätestens einer Stunde wird es hier stockfinster sein und ziemlich kühl. In Anbetracht meiner Sandaletten und der sommerlichen Kleidung gefällt mir die Idee eines Abendessens gar nicht. Wo sollen wir uns denn niederlassen? Im Haus ist absolut kein Platz für vier. Na großartig, ich hole mir bestimmt einen Schnupfen zur Hochzeit.

Zwischen Olivenbäumen sitzen die zwei an einem alten Tisch. Zugegeben, die Aussicht ist großartig. Felder ziehen sich rundum an den Hügeln hinauf, in der Ferne erkennt man ein paar Häuser und einen Kirchturm.

Ich stupse Bruno an, um seine Aufmerksamkeit auf mich zu lenken, er jedoch legt seinen linken Arm um meine Hüfte und redet unbekümmert weiter. Ich warte darauf, dass einer der beiden eine Pause macht, doch es erweist sich als hoffnungsloses Unterfangen. Die beiden scheinen sich prächtig zu verstehen; wie unschwer herauszuhören ist, sprechen sie über Politik. Hin und wieder verdrehen sie die Augen, ziehen mit einem Seufzer die Schultern hoch, um danach noch heftiger weiterzudiskutieren. Mehrmals hole ich Luft, um mich einzubringen, habe aber keine Chance. Zu sehr sind sie mit sich beschäftigt. Schließlich platze ich laut in ihr Gespräch:

»*Scusi*, Bruno, sag mal, hast du vor, hier zu übernachten, oder siehst du eine Chance, von hier wegzukommen?« Sicherheitshalber habe ich deutsch gesprochen, ich hoffe, dass er auch alles richtig versteht.

Bruno schaut mich mit großen Augen an, als ob ich nicht mehr alle Tassen im Schrank hätte. »Natürlich kommen wir heute noch ans Ziel, aber Anna kocht jetzt, und danach bringt uns Claudio mit seinem Traktor zu seinem Bruder, und der fährt uns nach Gesturi.« So sei es besprochen worden, ich solle mich nicht so haben, denn das hier sei ein wichtiges Gespräch, und er wolle auch in Zukunft Claudio unterstützen, denn was sich hier auf der Insel abspiele, sei einfach ein Skandal. Ob ich nicht wieder zu Anna gehen wolle, vielleicht brauche sie Hilfe?

Bevor ich aber den Rückzug antrete, hält mir Claudio ein Wasserglas mit einer durchsichtigen Flüssigkeit hin.

Sicherlich wieder *fatto mano*, denke ich. Ich nippe nur ein kleines bisschen daran, und augenblicklich brennt meine Kehle wie Feuer. Halleluja, wie kann man nur so was trinken? Die beiden Männer brechen in schallendes Gelächter aus, als sie sehen, wie ich das Gesicht verziehe.

»Trinkst du das etwa, Bruno?«, frage ich ihn. Er nickt, »*solo un goccio*«. Na, hoffentlich bleibt es bei einem Schlückchen, sonst kann der Abend ja noch heiter werden.

»Mir ist kalt, ich hab nichts zum Umziehen, die Koffer sind am Flugplatz, und ich würde mir eigentlich gerne auch die Hände waschen, verstehst du, mein Lieber?«

Natürlich, ihm sei auch kalt, aber ich solle mich jetzt beruhigen. »*Va bene tutto*«, alles wird gut, sagt er und dreht mir wieder den Rücken zu.

In Annas kleiner Küche stimmt mich der Duft von warmem Rosmarin und Olivenöl sofort versöhnlich. In einem anderen Topf brodelt das Wasser, und sicher schwimmen darin in wenigen Minuten die Nudeln. Sie drückt mir vier tiefe Teller und vier Gabeln in die Hand und deutet nach draußen. Ich hab's ja gewusst. Ich stolpere auf meinen Stöckeln nach draußen und decke zwischen den beiden Männern den Tisch. Bruno lächelt mich an, und ich erkenne in diesem Lächeln eine gewisse Glückseligkeit, die mit Sicherheit nichts mit diesem Gespräch zu tun hat.

Anna hält inzwischen ein Brett mit Brot und dem komischen wabbeligen Käse für mich bereit. So laufe ich mehrere Male zwischen dem Steinhaufen und den Olivenbäumen hin und her. Nicht nur, dass mir die Füße weh tun, auch sinken meine Absätze regelmäßig in der Erde ein. Außerdem ist es bereits fast dunkel, ich sehe so gut wie nichts mehr und weiß nicht, ob ich nun in Erde oder Ziegenscheiße wate. Von der Koppel ertönt es »määäähhhh« und »iiiiiiiaaaaaaah«. Was für eine Idylle!

»*Pronto, pronto*«, höre ich Bruno rufen, na, wenigstens versucht er zu telefonieren. Das Essen ist fertig, wie wunderbar! Eine dampfende Schüssel landet auf dem wackeligen Tisch, und Anna teilt riesige Portionen aus. Claudio sticht in den Käse und legt ein Stück davon neben meine Pasta, für sich nimmt er auch eines und reicht dann das Messer Bruno. Der will sich zurückhalten, aber er hat keine Chance. Warum verzieht er denn so sein Gesicht? Das ist Schafskäse, der ist sicher gut. Ich probiere ihn jetzt, denn die beiden scheinen ja ganz begierig darauf zu sein, zu hören, wie er uns schmeckt.

Also stecke ich mir eine Gabel davon in den Mund. Weich ist er, ein bisschen wie Wackelpudding, nicht besonders aufregend im Geschmack, für meine Begriffe fehlt Salz. Na ja!

»*Buono*«, sage ich und widme mich dann meinen Nudeln, die mir wesentlich besser schmecken. Jedoch ist irgendein Gewürz daran, das ich nicht besonders mag. Es schmeckt fischig, aber ich entdecke bei dem schwachen Licht weit und breit keinen Fisch. Ich frage nach den Gewürzen und bekomme mal wieder eine Auskunft, die ich nicht verstehe. Bruno sagt, »*uova di pesce*«, aha, ich bin beeindruckt. Erkennen kann ich jedoch keine Fischeier, höchstens kleine dunkle Punkte, die nicht im Entferntesten an Kaviar erinnern. Was soll's, der Hunger treibt's rein, wie wir in Bayern sagen. Ich nehme noch ein Stück von dem Käse, um eine andere Geschmacksrichtung zu bekommen.

»*Buoni il formaggio con vermi, eh?*«, fragt mich Claudio.

»Er fragt«, dolmetscht Bruno, »wie der Käse mit den Würmern schmeckt?«

»Was? Käse mit Würmern?!«, schreie ich fast.

»*Sì, sì, molto buono*«, antwortet er mir. Pfui Teufel, mich schüttelt es augenblicklich. Hätte ich nicht schon alles hinuntergeschluckt, würde ich es auf den Boden spucken. Es würgt mich, und mir ist augenblicklich der Appetit vergangen. Erst Nudeln mit merkwürdigem Fischgeschmack und dann lebendige Würmer in einem Käse! Und das soll eine sardische Delikatesse sein?

Wir sind doch nicht im Busch! Ich habe noch nie von so einer sardischen Spezialität gehört. Wenn man in München beim Sarden so was anbietet, schließen die Behörden augenblicklich das Lokal. Nur Ratten sind noch schlimmer. Mir reicht's, ich will jetzt weg von hier, und zwar augenblicklich, aber Bruno lacht nur. Wie mir scheint, ein bisschen irre. Wie viel hat der denn schon von dem Höllenzeugs getrunken? Und musste Claudio noch diesen sardischen Wein aus dem Keller holen? Wenn Bruno beschwipst ist, dauert es nicht lange, und er ist total betrunken. Er verträgt rein gar nichts. Da bin ich bei weitem trinkfester. Etwas resigniert betrachte ich meinen Lebensgefährten. Wie kann er mich bloß so im Stich lassen?

Zu allem Überfluss setzen sich im Zuge des Sonnenuntergangs jetzt auch noch Mücken auf meine nackten Beine. Aber nicht nur auf die Beine, Sekunden später attackieren sie auch meine Arme, stechen in meine Kopfhaut, und ich schlage um mich, was sehr meiner derzeitigen inneren Haltung entspricht. Ich verstehe einfach nicht, warum wir jetzt nicht fahren können, hier versäumen wir ja nun wirklich nichts mehr.

Anscheinend bin ich die Einzige hier, die sich nicht wohl fühlt, aber meine Befindlichkeit interessiert absolut niemanden. Die drei amüsieren sich prächtig, als wären sie schon Jahrzehnte befreundet. Bruno, der eigentlich viel Heiklere von uns beiden, mampft und trinkt, was das Zeug hält. Ganz still werde ich. Unscheinbar sitze ich zwischen den anderen, und wenn nicht hin und wieder für einen Moment Brunos Hand die meine suchen würde, könnte ich mich auflösen. Die drei befinden sich in einer anderen Welt, zu der ich keinen Zutritt habe. Ich verstehe ihre Sprache nicht, und niemand bezieht mich ein. Ich bin ein unbequemer Außenseiter, der ihnen das Spiel verdirbt. Da haben wir es mal wieder: Wahrnehmung und Erwartungshaltung! Bruno scheint von alldem nichts zu merken.

So kenne ich ihn gar nicht. In München sucht er immer sehr meine Nähe, um sich ja nicht allein zu fühlen. Er will eingebunden sein, über alles Bescheid wissen. Hier, so scheint es, ist er in seinem Element. Von Minute zu Minute wird er betrunkener. Er lallt schon ein bisschen, und das hat nichts mit dem Dialekt zu tun. Auch Claudio scheint nicht mehr ganz so sicher auf den Beinen zu sein.

Bis auf mich haben alle brav aufgegessen, und mit leicht traurigem Blick bemerkt es Anna, während sie das Geschirr zusammenstellt, um es in die Küche zu tragen. Ich bin froh, aufstehen zu können, und folge ihr. Vorsichtig versuche ich ihr beizubringen, dass wir gerne fahren würden, und ob sie nicht mit Claudio sprechen könnte, aber Anna winkt heftig ab, in solche Angelegenheiten mischt sie sich grundsätzlich nicht ein. Die würden schon noch fahren, da solle ich mir keine Sorgen machen. So jedenfalls interpretiere ich ihre Worte.

Mir ist kalt, und ich fühle mich erschöpft. Mühsam versuche ich meine Augen offen zu halten. Zu lange schon bin ich heute auf den Beinen, viel habe ich erlebt.

In meiner Handtasche habe ich eine Nylonstrumpfhose, die ich sicherheitshalber zum Schutz gegen die Klimaanlage im Flieger eingesteckt habe, die ziehe ich nun an. Jetzt rutsche ich zwar in meinen Sandaletten herum, aber ich habe auch nicht vor, heute noch eine Wanderung zu unternehmen. Ich setze mich auf den einsamen Schemel im Steinhaufen, Anna redet unaufhörlich auf mich ein, und ich nicke ab und an freundlich. Irgendwann streift mich etwas am Arm, ich muss eingeschlafen sein.

»Signora Udda, prego, vieni qui.« Sie nimmt meine Hand, und wir gehen hinaus in die stockfinstere Nacht. Sie führt mich quer über den Hof, an den Ziegen und Wildschweinen vorbei, von denen nur ein Grunzen zu hören ist, zu einem Holzverschlag. Dort nimmt sie ein Bündel Stroh vom Haufen und breitet es notdürftig auf dem Boden aus, legt eine Decke darüber, und mit einem beruhigenden *»Dormi bene«* verschwindet sie in der Dunkelheit.

Kläglich rufe ich nach Bruno, aber keiner hört mich. Irgendwo meine ich, seine Stimme zu vernehmen. Während ich Kraft sammle, um aufzustehen, damit ich nach ihm suchen und Claudio dazu bewegen kann, uns endlich zu seinem Bruder zu bringen, schlafe ich erschöpft ein.

Zu Gast bei Claudio und Anna
Bruno

Bis zu unserer Ankunft auf Sardinien gab es für Jutta fünf Gründe, warum eine Frau besser ohne mich zurechtkommt: Erstens lebte sie länger und intensiver. Zweitens müsste sie nicht ständig an sich selbst zweifeln, wenn sie mal keine Lust auf Zweisamkeit hat. Drittens hätte sie etwas Besseres zu tun, als sich über Satellitenschüssel italienische Parlamentssitzungen anzusehen. Viertens müsste sie sich nicht mehr um meine schmutzigen Socken kümmern. Fünftens könnte sie sich dann endlich wieder nach Lust und Laune in ihrer eigenen Sprache ausdrücken und sicher sein, dass ihr Gegenüber sie auch versteht.

Seit heute gibt es mindestens einen weiteren: Sie könnte endlich allein reisen und frei entscheiden, wohin es gehen soll.

Während ich versuche, mich mit der Situation abzufinden, befürchte ich, dass Jutta noch heute eine Aussprache mit mir über das Ende unserer Beziehung beginnen will. Als Claudio uns kurz vor Sonnenuntergang durch seinen Stall führt und uns all die Ziegen, Schafe, Schweine und Hühner, die sein Eigen sind, zeigen will, blickt Jutta missmutig drein und sagt kein Wort. Ich weiß, dass sie mich sehr liebt, aber heute scheint sich alles gegen uns verschworen zu haben. Ihre Laune bessert sich ein wenig, als einer der beiden Esel von einem Nickerchen aufwacht. Jutta streichelt ihn. Das letzte Mal habe ich das während eines Auftritts bei »Stars in der

Manege« in München vor ein paar Jahren erlebt. Ich erinnere mich, dass ich bei dieser Gelegenheit ebenfalls versucht habe, den Esel zu kraulen, aber der sträubte sich und ließ keine Streicheleinheiten zu. Doch bei Jutta scheint es anders zu sein. Claudio macht mich darauf aufmerksam, wie gut der Esel auf ihr Streicheln reagiert. Er sagt, wenn wir eine Beziehung zu einem Esel aufbauen wollen, müssen wir uns als Erstes vor Augen halten, dass wir es eigentlich mit einem Opfer zu tun haben, für das wir das Raubtier sind. Also sei es äußerst wichtig, dass unser Verhalten sofort Freundschaft, Sanftheit und Geduld vermittele.

»Deine Signora ist sehr begabt, schau mal, wie sich der Graue von ihr streicheln lässt!«

Auch ich staune. Ein altes Sprichwort lautet: »Wer einen Esel streichelt, erntet Fußtritte.« Wie schafft es Jutta dann, so leicht sein Vertrauen zu gewinnen? Ist das vielleicht wirklich eine Naturbegabung? In aller Seelenruhe stopft unsere Eselflüsterin das Tier nun mit Möhren und Äpfeln voll. Na, vielleicht hat sie nach so ein bisschen »Eselei« wieder gute Laune? Und genauso ist es. Ein unvermuteter Eselsschrei – und sie lächelt wieder.

Claudio behauptet, Sarden seien ein ganz besonderes Volk. Bei den vielen Besetzungen der Insel hätten sie von den Arabern die durchdringend blickenden Augen mitbekommen, von den Spaniern den mediterranen Teint und von den Römern den Stolz. Selbstverständlich habe es auch mit der Ernährung zu tun, denn Sardinien sei eine der Regionen mit der meisten ökologischen Landwirtschaft. Außerdem spiele der Lebensstil eine Rolle. Die wenigsten Menschen gingen einer sitzenden Tätigkeit nach; er zum Beispiel sei ständig auf den Beinen, gehe mit den Schafen auf die Weide, arbeite im Garten, ernte Obst mit der Hand und melke von morgens bis abends die Ziegen. Und zuletzt sei da noch der Humor. »Sarden gelten als ungehobelt, aber wer sie kennt, weiß, dass das nicht stimmt. Sie sind fröhliche Menschen und sehr gesellig.«

Als wir in den Garten zu den Olivenbäumen zurückkehren und es plötzlich köstlich nach Essen duftet, ist alles Unglück vergessen – das lange Warten am Flughafenterminal, der Streik, die zu niedrigen Milchpreise und das fehlende Gepäck. O ja, wir haben Hunger, und wie!! Schon bald sitzen wir an einem schönen, reichlich gedeckten Tisch, auf dem *Pan Carasau* bereitsteht, das typische sardische Brot, das man auch unter dem italienischen Namen *Carta musica* kennt, weil es so besonders dünn und knusprig ist. Daneben ein Fläschchen mit Öl, Brotfladen aus Hartweizengrieß, und Schmalz, Wurst und Ricotta sind auf Korkplatten angerichtet. In der Mitte des Tisches steht eine große Schüssel mit dampfenden Spaghetti. Claudio betont, dass er sie höchstpersönlich mit *bottarga di muggine*, dem getrockneten Rogen der Meeräsche, zubereitet hat, eine Spezialität, die auch »Kaviar des Mittelmeers« genannt wird.

Anna möchte, dass ich unbedingt vom *casu marzu* probiere, einem Käse mit lebenden Maden drin!!! Natürlich graust es mich allein schon bei der Vorstellung. Der Käse, ein reifer, pikanter Pecorino, entsteht auf ganz natürliche Weise durch die sogenannte Käsefliege. Dieses Insekt schenkt zahlreichen Maden das Leben, indem es seine Eier in der Käseform ablegt, und diese ernähren sich dann vom Käse und wandeln ihn durch ihre Verdauungssäfte um. Als Anna mein angewidertes Gesicht bemerkt, weist sie mich mit Nachdruck darauf hin, dass er keineswegs schädlich, sondern im Gegenteil ein reines

Naturprodukt sei, im Gegensatz zu vielen industriell hergestellten Käsesorten. Bestimmt hat sie recht, aber ich ziehe die Pasta hier vor und freue mich schon, dass meine Kiefer ordentlich zu tun bekommen.

»Bruno hat mir erzählt, dass ihr hier auf Sardinien ein Nationalgericht habt – ›Schaf im Mantel‹. Was genau ist das?«, fragt Jutta.

»Das ist unser spezieller Schmortopf. Normalerweise ist Schaf ein wenig zäh, aber wenn man es schmort, wird es zarter. In den Topf geben wir die Kartoffeln, die in der Schale gekocht werden, mit einer großen Menge Zwiebeln, die sie bedecken, also der Mantel sind.«

»Ich liebe Zwiebeln, die essen wir in Deutschland ständig. Aber dein neuer Freund hier mag sie gar nicht …«

»Bruno! Du isst keine Zwiebeln? Was muss ich da hören?«

»Tut mir leid, ich vertrage sie nicht. Weder Zwiebeln noch Sauerkraut.«

»Und da musstest du dir ausgerechnet eine Deutsche suchen?«

»Bei ihr kann ich alles essen. Gulasch, Bratwurst, sogar Krapfen, weißt du, das sind diese frittierten Teigballen, die wir auch in Italien essen. Aber Zwiebeln, nein, es gibt Grenzen. Ganz zu schweigen von Zwiebelkuchen. Wenn sie den macht, bekomme ich allein vom Anblick Magenkrämpfe! Dann schon lieber Nürnberger Rostbratwürstchen.«

»Ja, das muss man schon mögen«, kommentiert Claudio.

»Und der Wein, ist der auch von hier?« Wieder Jutta.

Claudio nickt. »Er heißt Nuraghe, wie die Steintürme, die man auf dem Weg nach Gesturi sehen kann.

Wenn ihr unterwegs in einem Ort namens Su Nuraxi haltmacht, könnt ihr den bedeutendsten und schönsten Nuraghe Sardiniens besichtigen. Diese Bauten sollen bis ins Jahr 1600 vor Christus zurückgehen, es sind etwa siebentausend mehr oder weniger erhaltene Türme, und sie sind das Wahrzeichen unserer alten Kultur. Mein Bruder besitzt in Ussana, etwa drei Kilometer von hier, einen eigenen Weinberg. Was wollt ihr morgen eigentlich am Flughafen? Geht lieber gleich zu ihm, leiht euch seinen Wagen, um zu der Hochzeit zu kommen, und nehmt noch eine schöne Kiste neuen Wein mit!«

Wir lachen, trinken und essen.

Guter Wein macht gute Laune, sagt ein altes italienisches Sprichwort, und mittlerweile ist es schon nach acht. Während Claudio redet und seine Späßchen macht, entferne ich mich einen Moment ...

Langsam steige ich die Stufen zum Haus hinauf, da ich mir die Duftwolke dieses wunderbaren Schinkens nicht entgehen lassen will, der deutlich sichtbar auf dem Tisch hinter der Tür liegt. Jetzt verstehe ich. Verstehe, was Wörter wie Wärme, Aroma und Gastfreundschaft eigentlich bedeuten. Aber wenn man diese Wärme und diese Düfte nie erlebt oder nie aus der Nähe genossen hat, wird es schwer, sie in Worte zu fassen oder in einem Buch zu beschreiben. Seit heute Abend weiß ich auch, was »gute Laune« wirklich heißt. Vielleicht wird es mir sogar gelingen, ihr einige andere Begriffe wie Glück und Freude an die Seite zu stellen: das Glück einer unerwarteten Begegnung und das Vergnügen, Freundschaften zu schließen. Diesen Gedanken nachhängend, holt mich die Realität ein, als Anna das Geschirr abräumt und in die Küche bringt und Jutta wie von der Tarantel gestochen aufspringt und ihr hinterhereilt. Ich setze mich wieder zu Claudio, der sich inzwischen ein Glas von einem Schnaps mit dem seltsamen Namen »fil'e ferru« eingegossen hat und fröhlich weiterschwadroniert, als wäre nichts passiert.

Die Nacht
Jutta

Von Schlaf ist in dieser Nacht wenig die Rede, aber wieder viel von Wahrnehmung und Erwartungshaltung. Denn offensichtlich ist Brunos Eindruck von unserem ersten gemeinsamen Abend auf Sardinien ein vollkommen anderer als meiner.

Als ich völlig steif aus irgendeinem idiotischen Traum hochschrecke, liegt neben mir ein Stein. Immens schwer und unverrückbar.

Als Erstes versuche ich, das zentnerschwere Bein, das quer über mir liegt, loszuwerden. Danach muss ich den Stein um hundertachtzig Grad drehen. Warum männliche Betrunkene besonders anhänglich und liebebedürftig sind, habe ich nie verstanden.

Jedes Mal, wenn ich es fast geschafft habe, rollt Bruno mit einem Grunzen in seine vorherige Stellung zurück. Irgendwann gebe ich entnervt auf und krabbele auf allen vieren um ihn herum, um mich auf die andere Seite zu legen. Er jedoch dreht sich in diesem Moment auf den Rücken und breitet seine Arme nach rechts und links aus, so dass nun in diesem stockfinsteren, jämmerlich kalten Stall auf beiden Seiten kein Platz mehr ist. Ich rüttele ihn, fordere ihn auf, mir Platz zu machen, flüstere ihm direkt ins Ohr, schreie dann fast, er solle endlich rutschen! Nichts!

Mir ist übel, wie eine Fata Morgana taucht vor meinen Augen eine riesige Flasche Wasser auf. Ich wünsche mich in mein warmes, weiches, duftendes Bett in München.

Gemütlich eingemummelt unter den Daunen, liebe ich es, zu jeder Jahreszeit mit offenem Fenster zu schlafen. Hier habe ich jetzt allerdings die Schnauze voll. Ich ziehe an der Decke, um wenigstens einen Zipfel abzubekommen, und schließlich gelingt es mir unter großen Mühen. Entweder die Ziegendecke oder gar keine, denke ich resigniert.

Jetzt tut mir die Hüfte weh, denn unter mir ist bis auf die dünne Lage Stroh nur der nackte Erdboden. Ich nehme meine Handtasche, schiebe sie unter mich und lege mich vorsichtig darauf.

Etwas darin ist ungemütlich hart, aber Sekunden später hat sich dieses Problem von selbst gelöst: Meine Sonnenbrille, die ich anscheinend nicht in ihr Etui zurückgelegt habe, zerbricht in ich weiß nicht wie viele Teile. Ich könnte auf der Stelle losheulen, meine schöne geliebte Designerbrille, passend zum cremefarbenen Röckchen!

Da ich sowieso nicht schlafen kann, überlege ich, was sonst noch alles in der Tasche ist. Mein Portemonnaie, das Flugticket, mein Hausschlüssel, ja, der ist auch unangenehm zu spüren, ein paar Lippenstifte. Man weiß ja nie, welche Farbe man gerade braucht. Ein Päckchen Papiertaschentücher, die sind weich, gottlob, meine drei Glückssteine, ohne die ich nie verreise, mein funktionsuntüchtiges Handy, Zahnseide! Augenblicklich bin ich hellwach. Wenn ich jetzt die Zahnseide finde, kann ich mir fast die Zähne damit putzen. Zumindest das Gröbste und Ekligste könnte ich aus meinem Mund entfernen und hätte sicher danach einen besseren Geschmack im Mund, weil sie gewachst und mit Menthol ist. Vielleicht hängt ja zwischen meinen Zähnen noch so ein Fischei, ganz zu schweigen von einem der toten Würmer, der sich an mein Zahnfleisch geklammert haben könnte.

Nächtliche Geräusche sind furchteinflößend, und in diesem Moment bin ich dankbar, dass Bruno, obwohl nicht einsatzfähig, so doch neben mir liegt.

Bei Tagesanbruch werde ich ihn unsanft wecken und einen gebührenden Zirkus machen, nehme ich mir vor. Er wird Claudio veranlassen, uns zu seinem Bruder oder sonst wohin zu bringen. Ich will hier weder frühstücken noch länger Annas und Claudios Gastfreundschaft genießen. Davon habe ich genug.

Die Wärme und der Herzschlag eines Menschen, der einem nahe ist, können unendlich wohltun, und so einsam ich mich auch in dieser Situation fühle, lullt mich das rhythmische Tumtum, Tumtum unter seiner Brust ein. Ich lege meine Hand darauf und stelle mir vor, dieses kleine Herz mit meinen Fingern zu umfassen. Ich halte es umschlossen, so ist es sicher, muss sich nie mehr fürchten oder aufgeregt sein. Ich brauche dieses Lebenszeichen wie ein neugeborenes Tier die Mutterwärme. So schlafe ich endlich ein.

Fil'e ferru
Bruno

Claudio und ich bleiben allein. Er hat eine ziemliche Fahne, aber ehrlich gesagt fühle ich mich inzwischen auch schon etwas betrunken. Gerade eben hat mir Claudio ein erstes Gläschen *fil'e ferru* eingegossen ...

»Vor vielen Jahren«, erzählt er, »als jeder Schafstall bereits ein Haus war und jede noch so kleine Ansammlung von Häusern schon ein Dorf, hatten alle eine Küche mit einer Feuerstelle wie dieser hier in der Mitte, um sich daran zu wärmen und zu kochen – damals gab es noch kein ›Barbecue‹ ... Abends, wenn es dunkel wurde, nach einem langen Arbeitstag auf den Feldern, setzte sich auch meine Familie um das Feuer, und gleich nach dem Abendessen erzählte mein Vater sogenannte Kamingeschichten, *contos de foghile*. Papa erzählte uns diese kleinen Geschichten, um mich und meinen Bruder wach zu halten und um uns seine Lebensweisheiten zu vermitteln. Überwiegend handelten die Geschichten von schlauen Kerlen und Dummköpfen, unwichtigen Begebenheiten, seltsamen Ereignissen aus dem Dorf, aber es waren auch Geschichten zum Lachen.«

Ich höre ihm leidenschaftlich gern zu. Claudios Stimme, die selbst in seinem angeschlagenen Zustand eine besondere Stimmung erzeugt, weckt Gefühle in mir. War ich vorhin erschrocken, bin ich jetzt entspannt. Diese Farben, die Nuancen, die Pausen zwischen den einzelnen Worten versetzen mich in einen Zustand ungewöhnlicher Leichtigkeit und wachsender Euphorie.

Das letzte Mal war ich vor ungefähr zweiunddreißig Jahren so richtig betrunken. Das war am Meer, nach dem Abitur, und ich fühlte mich großartig: voller Selbstvertrauen, mutig, stolz, aber nicht müde.

Bekanntermaßen ist Absinth die stärkste Spirituose, die mit einem Alkoholgehalt von bis zu 90 Prozent erhältlich war, gefolgt von Centerbe, dem Kräuterlikör aus den Abruzzen, der es auf 70 Prozent bringt. Doch *fil'e ferru* ist mit seinen 40 Prozent auch recht stark. Das ist der sardische Grappa par excellence, dessen Name wörtlich übersetzt »Eisendraht« bedeutet. Der Name ist vor einigen Jahrhunderten entstanden und leitet sich von der Methode ab, mit der man während des Krieges die Destillierkolben für illegal gebrannten Schnaps versteckt hat. Die Flaschen wurden vergraben, und damit man später das Versteck wiederfand, steckte man einen Eisendraht in den Boden.

»Wenn du ein echter Hirte bist, musst du dich einmal im Monat besaufen«, sagt Claudio und gießt mir das inzwischen dritte Gläschen ein. Der Abend ist wirklich schön, am Himmel scheint still der fast volle Mond. Noch ist die Lage unter Kontrolle. Claudio steht vom Tisch auf, hält ein Stöckchen in die Glut und zündet damit seine Zigarette an. Einen Augenblick lang kann ich in der Nacht, die nur vom Mondschein und einer schwachen Neonröhre erhellt wird, seinen sympathisch wirkenden symmetrischen Schnurrbart erkennen, die runzelige Stirn und eine kleine Narbe an der Schläfe. Die Grillen zirpen ihre eintönigen Lieder – und wir haben Oktober! Nachtfalter und Mücken kreisen wie trunken um die einzige Lichtquelle hier, während ihre Schatten auf der Mauer sie verfolgen. Auf dem Grill knistert und knackt ein Feuer. Ein Geruch nach Pinienharz umgibt uns: Bevor sie gegangen ist, hat Anna Kartoffelscheiben mit Olivenöl und Oregano auf die Glut gelegt. Was will man mehr? Einige Minuten vergehen. Claudio setzt sich wieder hin, er sieht mir direkt in die Augen. Seine Stimmung wechselt ganz plötzlich: Er sprudelt eine Folge von scheinbar zusammenhanglosen Sätzen hervor, die jedoch einen Sinn ergeben.

»Also, mein Freund, nach Gesturi könnt ihr zu Fuß gehen, dazu braucht man kein Auto. Man muss immer wachsam sein, beobachten, rufen, die Herde weitertreiben, den Hund führen ...« Während er so vor sich hin brabbelt, fällt mir auf, dass ich seit mehr als einer Stunde fast immer ein Glas in der Hand halte. Zuerst *Mirto*, den sardischen Myrtenlikör, dann den Nuraghe und jetzt *fil'e ferru*, ich schütte in einem fort etwas in mich hinein. Heute Abend könnte ich Bäume umarmen, hätte ich nicht Claudios Worte im Ohr: »Zu Fuß nach Gesturi.« Was soll das heißen? Schließlich hat er doch gesagt, er würde sich das Auto seines Bruders leihen. Er sieht mich nicht mehr an und summt jetzt leise »My way«. Den Song hat er schon auf dem Rückweg vom Flughafen gepfiffen.

Schon steht er wieder auf. Mit der halbleeren Flasche *fil'e ferru* schwankt er hin und her. Er geht auf die Mauer gegenüber zu und bedeutet mir mitzukommen. »Sing mit, dieses Lied müssen wir der verblassten Wandfarbe widmen, hicks ... *and mooore, much mooore than thiiis* ...«

Jetzt singe auch ich den Klassiker von Frank Sinatra, peinlich nur, dass ich alles bis auf den Refrain vergessen habe. Was würde Jutta sagen, wenn sie mich in diesem Augenblick sehen könnte? Die nächsten Teile unserer Unterhaltung singen wir.

»Was meinst du mit zu Fuß, Claudio?«

»Zu Fuß, zu Fuß ... dass ich euch zu meinem Bruder

bringe, kannst du vergessen ... das habe ich ... nur so gesaaagt ... ich wohoollte nuur ... dein Weib beruhigen ... la-la-la-la.«

»Aber du hast es mir versprochen!«

»Ich muss morgen mit dem Traktor zum Flughafen zurüüüück ... Deshalb zu Fuß, zu Fuß, zu Fuuuß ... geht ihr nach Geeehee-sturiiiii!«

In einem kurzen Anfall von Nüchternheit frage ich Claudio, warum er es sich anders überlegt hat. Er antwortet mir nicht, sondern beschränkt sich darauf, mir unverständliches Zeug zu erzählen.

»Claudio, du kannst uns morgen nicht zu Fuß losschicken ... Du hast versprochen, uns auf dem Traktor zu fahren, und das wirst du auch tun!«

Ganz plötzlich wird auch er in seinem Rausch klarsichtig. Er setzt sich wieder hin und schaut mich treuherzig aus großen Augen an.

»Ihr werdet auf Maultieren zu meinem Bruder kommen, ich leihe euch meine beiden Esel.«

»Waaas???«

»Allerdings nur, wenn mir Jutta einen kleinen Gefallen erweist. Nein, nicht das, was du denkst ... Ich will nichts von ihr. Ich habe vorhin im Stall beobachtet, wie die Ziegen deine Frau angehimmelt haben, als sie den Esel gestreichelt hat ... Bruno, das war Liebe auf den ersten Blick. Von mir lassen sich die Ziegen nicht mehr anfassen, nicht mal von meiner *Annuzza*. Aber ich bin sicher, dass sie sich von Jutta alles gefallen lassen.«

»Und du willst, dass ich Jutta überrede ...«

»Genau. Ein Liter würde uns schon reichen. Dafür leihe ich euch meine Esel. Mit ihnen kommt ihr nach Ussana, und dort lasst ihr sie bei meinem Bruder ... Also? Einverstanden?«

Ich verfluche den Tag, an dem ich ans Telefon gegangen bin! Ich verfluche den Tag, an dem ich versprochen habe, Trauzeuge meines Cousins zu werden! Verflucht sei Claudio! Und zum Teufel mit diesem Donnerstag.

»Wie heißen die Esel?«, seufze ich.

»Fil'e und Ferru, wie der Schnaps. Du wirst sehen, der eine ist so kräftig wie Eisen und der andere dünn wie ein Draht.«

2. TAG – FREITAG

Der Morgen
Jutta

Schlagartig erkenne ich dieses Geräusch wieder. Claudio hat seinen Traktor angeworfen.

Ich rappele mich auf und muss meine Knochen erst einmal sortieren. Meine Kleider sind völlig zerknittert, mein Gesicht möchte ich mir lieber nicht vorstellen, von meinem Seelenleben ganz zu schweigen.

»Bruno, aufstehen, Claudio wartet auf uns.« Es war zu erwarten, dass es nicht leicht sein würde, ihn zu wecken, aber tatsächlich ist es vollkommen unmöglich. Ich greife zu härteren Mitteln und tätschel seine Wange. Schließlich ziehe ich an seinen Beinen, versuche seinen Oberkörper aufzurichten, hebe ein Augenlid, um das Licht eindringen zu lassen. Nichts! Ich habe keine Chance, Bruno schläft, er befindet sich im Koma.

Das Traktorengeräusch wird leiser, und Panik befällt mich. Ich renne nach draußen, Bruno fällt unsanft auf das Strohlager zurück, was ihn jedoch nicht zu stören scheint. Ganz sanft verfärbt sich das nächtliche Schwarz in morgendliches Hellgrau, es muss sehr früh sein, zu dunkel noch, um auf meiner Uhr die Zeit erkennen zu können. Ich blicke in Richtung Geräusch und sehe die Rückscheinwerfer auf dem schmalen Weg. Hoffentlich holt Claudio seinen Bruder.

Im Steinhaufen herrscht rege Emsigkeit, aber irgendwie fehlt mir jegliche Kraft, mich jetzt mit Anna zu unterhalten. Was gäbe

ich für einen Kaffee, dann wäre ich ein anderer Mensch. Ich geniere mich jedoch für mein Aussehen. Mit meinen Fingern versuche ich mein wirres Haar zu glätten und entdecke zu meiner Freude einen Brunnen. Das Geräusch der Wasserpumpe lockt Anna aus ihrem Haus.

»*Buon giorno, Signora Udda*. Haben Sie gut geschlafen? Brauchen Sie etwas?«

Ein wenig erfrischt gehe ich ihr mit freundlichem Lächeln entgegen. Sie reicht mir eine Tasse, gierig trinke ich den starken, ungesüßten, heißen Kaffee.

Dann winkt Anna mir, ich solle ihr folgen. Wir gehen zu den Wildschweinen und Ziegen. Anna öffnet die wackelige Gattertür und wartet, bis ich durchgegangen bin. Dann schließt sie hinter mir die Tür. Ich stehe mit meinen Sandaletten in der Scheiße.

Wie tief, werde ich gleich erfahren. Anna reicht mir einen umgedrehten Blechkübel und bedeutet mir, mich zu setzen. Dann fängt sie in Windeseile eine Ziege, die sich mit allen Kräften wehrt. Dieses zappelnde Tier drückt sie mir zwischen die Schenkel und nimmt meine Hand. Ich soll die Ziege festhalten. Ein kleinerer Blechkübel wird unter sie gestellt, und Anna zeigt mir, wie ich das dicke Euter leeren soll.

»Anna, ich kann das nicht!«, versuche ich sie zu überzeugen, aber das scheint ihr egal zu sein, denn sie schnappt sich bereits die nächste Ziege. Meine kleine Ziege schreit nach Kräften, und ich kann es ihr nicht verdenken. Wieso soll ich eine Ziege melken, wer hat sich denn das einfallen lassen?

Anna ist erbarmungslos und ruft zu mir herüber, ich solle loslegen. Offenbar soll ich die ganze Melkerei übernehmen, sie hätte es mir jetzt gezeigt, und nun schaut sie sich mal an, wie es klappt.

Es geht überhaupt nicht! Die Ziege mag nicht, wie ich an ihrem Euter herumdrücke.

Anna lacht und nimmt meine Finger und streicht mit sanftem Druck von oben nach unten über die Zitze. So lange, bis ein kleiner, aber pfeilgerader Strahl in den Eimer schießt. Nun soll ich es ihr gleichtun. Ich versuche es, aber nichts kommt raus. Wieder nimmt sie meine Hand und führt sie. Milch läuft in den Eimer, ich versuche es alleine, und siehe da, ein bisschen »strahlt« nach unten. Auch Anna strahlt und verlässt mich, um die Wildschweine zu füttern, die mittlerweile laut grunzen. Meine Ziege wird ruhiger, und fast bin ich etwas stolz auf mich, als sie mir plötzlich einen Tritt verpasst und mit einem Bocksprung aus meinen Armen springt und das Weite sucht. Ich rufe Anna, aber die lacht nur. Haha, sehr komisch, also versuche ich das dumme Tier wieder einzufangen, verliere dabei meine Schuhe, was auch schon egal ist. Ich traue mich nicht, nach unten zu sehen, denn das, was ich zwischen meinen Zehen spüre, spricht Bände.

Grotesk, wie ich einer Ziege gleich durch das Gehege hüpfe, um sie einzufangen.

Ich erwische ein Tier und schleppe es unter Geschrei zum Kübel. Als ich jedoch das Euter suche, stellt sich heraus, dass es ein Bock ist! Und der will absolut nicht gemolken werden.

Also veranstalte ich erneut das »Fang die Ziege«-Spiel, um endlich eine zu erwischen, die ich austricksen kann, indem ich mich blitzartig umdrehe, als sie ahnungslos hinter mir steht. Ich umklammere sie fest mit meinen Schenkeln und rede beruhigend auf Bayrisch auf sie ein. »Blödes Muckerl, hoit halt still, i dua doch nix.« Bayrisch scheint sie zu mögen! Also rede ich weiter sanft mit ihr und stimme ein »Hiatamadl, mog i ned, hot koane dicken Wadln ned, i mog a Madl aus da Stod, was dicke Wadln hod« an. Eine bayrische Weise, der normalerweise ein ordentliches Jodeln folgt, was ich sicherheitshalber weglasse.

Ich glaube, die Ziege meint, ich singe etwas auf Sardisch, denn andächtig lässt sie meine Melkversuche über sich ergehen.

Irgendwann mag sie nicht mehr, und ich lasse sie laufen, um mir eine andere zu schnappen.

Anna ist nirgendwo zu sehen! Auch von Bruno keine Spur, geschweige denn eine Reaktion auf den Lärm hier. Wie kann er denn immer noch schlafen? Zu gerne möchte ich jetzt zu ihm gehen und ihn wachrütteln, aber ganz offensichtlich habe ich hier eine Aufgabe. Keiner lässt sich blicken, um mir beizustehen. So bleibt mir nichts anderes übrig, als noch ein bisschen weiterzumelken. Wer weiß, vielleicht muss ich ja mal eine Bäuerin spielen, dann kann ich wenigstens dem Regisseur imponieren?

Ziege fangen, sie festhalten, von ihr gebissen werden, einen Tritt kassieren, Milch in den Eimer strahlen, aufpassen, dass er nicht umkippt, im Matsch ausrutschen, Rock, Mantel und Hände restlos einsauen, das ist die Reihenfolge. Nach einer halben Ewigkeit bin ich fertig. Ich bin stolz, kriege aber gleichzeitig eine gesalzene Wut auf meinen Herzallerliebsten. So, der ist jetzt dran, und der Gestank an mir wird ihn zur Besinnung bringen!

Ich schnappe mir den fast vollen Eimer und gehe zum Haus. Anna ist wer weiß wo, also stelle ich die Milch in ihre Küchenecke.

Dann mache ich mich auf den Weg zu Bruno.

Er befindet sich noch immer im Koma, und langsam

mache ich mir Sorgen. Mit den üblichen Tricks bekomme ich ihn nicht wach, also laufe ich in die Küche, um Kaffee zu holen. Anna ist nirgendwo zu sehen, aber auf dem kleinen Tischchen steht eine italienische *Caffettiera*, eine typische Handkaffeemaschine, die man aufs Feuer stellt. Jetzt brauche ich nur noch einen Espresso, und alles sieht schon besser aus.

Wenn einem Italiener etwas in seinem Leben nicht ausgehen darf, ist es Kaffee. So habe ich gottlob auch hier Glück und finde auf Anhieb eine wunderbare Dose mit dem würzigen Lebenselixier.

Ganz gegen seine Gewohnheit gebe ich zwei Löffel Zucker in das extrastarke Gebräu und renne zurück in unseren Stall.

»Mund auf«, herrsche ich ihn unsanft an, aber er reagiert nicht.

»Bitte, Bruno, mach deinen Mund auf, und trink das.«

Endlich! Also säusele ich weiter, trotz meiner Stinkwut, und kriege ihn tatsächlich dazu, die ganze Tasse auszutrinken. Bevor er sich wieder in seine Embryohaltung zusammenrollt, meine ich ein zartes »Grazie« gehört zu haben, und das war's dann auch.

Lethargie ertrage ich nicht. Egal, ob ich einen Kater habe oder es mir sonst nicht gutgeht, ich versuche immer, mich aufzurappeln. Wenn ich noch andere Menschen mitziehen muss, lässt mir mein eingebläutes Verantwortungsgefühl eh keine Ruhe, und ich schleppe mich vorwärts. Bei Bruno jedoch scheint in seiner Kindheit vieles anders gelaufen zu sein. Wenn es ihm nicht gutgeht, fühlt er keine Verpflichtung, geschweige denn irgendeinen Drang, aus eigenem Antrieb seine Situation zu verbessern. Bruno erwartet Hilfe von außen. Seit geraumer Zeit von mir, indem ich ihm etwas bringe oder ihn massiere, einen Arzt hole oder ihn auch nur stundenlang streichle, ihn jedenfalls so lange in seiner Befindlichkeit lasse, wie es ihm passt. Erst dann, und das in unendlicher Langsamkeit, wird er ins Leben zurückkehren.

Also bleibt mir nichts anderes übrig, als abzuwarten.

Mittlerweile erhellt die Sonne mit weichem Licht die mit Tautropfen übersäten Wiesen rings um das bäuerliche Anwesen. Still ist es, bis auf das vereinzelte zarte Bimbim der Glöckchen, die manchen Ziegen um den Hals hängen. Hin und wieder kräht in der Ferne ein Hahn.

In der Küche finde ich ein Stück Fladenbrot und einen in Zeitungspapier eingewickelten Zipfel Salami. Da niemand hier ist, den ich fragen kann, erlaube ich mir, meinen Hunger zu stillen, und schlinge gierig alles hinunter, trinke den Rest Kaffee und mache eine kurze Morgentoilette an der Wasserpumpe. Den Gedanken an eine Dusche und frische Wäsche verdränge ich. Neben dem Brunnen liegt eine Bürste, daneben ein großes Stück Seife. Was auch immer Anna und Claudio damit machen, ich werde jetzt meine Schuhe reinigen und wenigstens meinen Oberkörper waschen. Verstohlen ziehe ich mein blaues T-Shirt aus, das schon bessere Zeiten gesehen hat, und mache Katzenwäsche, dann bürste ich meine verkrusteten Füße, danach meine Sandaletten und trockne mich mit Taschentüchern aus meiner Handtasche ab. Wie wenig man plötzlich zum Glück braucht! Ich verspüre Tatendrang! Ich werde mich nicht weiter untätig dieser Situation überlassen. Ich werde erst Anna und dann eine Lösung finden.

Als ich mich umdrehe, sehe ich, wie Anna aus dem Stall kommt. Sie winkt mir und zieht zwei Esel hinter sich her. Ich laufe ihr entgegen.

Ein Schwall Sardisch überschüttet mich, und ich meine zu verstehen, dass Claudio wieder am Flughafen ist, um weiter zu streiken. Sie deutet unter Grinsen an, dass die beiden Männer gestern Abend ordentlich dem Feuerwasser zugesprochen haben, um dann mit einem »*Va beh, uomini*«! zu enden. Ich versuche, ihr klarzumachen, dass ich das alles überhaupt nicht komisch finde und dass es Bruno nicht gutgeht und wir dringend endlich auf unsere Hochzeit müssten. Sie nickt und gibt mir zu verstehen, dass ich mir nicht ins Hemd machen soll, sie habe eine Lösung. Ich schaue entgeistert auf die zwei zu klein geratenen und äußerst schmächtigen Esel. Das kann doch nicht ihr Ernst sein! Noch nie in meinem Leben bin ich auf einem Esel geritten, und auch Bruno hat mir nie von einem Ausritt, weder auf einem Pferd noch auf sonstigem vierbeinigem Getier, erzählt. In seinem Zustand ist dies heute umso weniger möglich.

Ich sage: »*No!*«
Anna sagt: »*Sì!*«
Ich sage: »*Ma come?*«

»*Vieni, Signora Udda!*« Anna zieht mich mit den Eseln ins Gatter. Aus einem Schuppen holt sie einen nicht sehr vertrauenswürdigen Sattel und legt ihn auf den etwas größeren der beiden Esel. Ein Gurt wird um den Bauch gelegt und mit einer Schnalle festgezurrt. Dem Esel scheint das egal zu sein, denn er hat seinen Kopf tief in einen Eimer gesteckt, in dem sich Fressbares befindet. Anna meint, er wäre ein männlicher Muli und sie würde ihn mir empfehlen, der andere wäre weiblich und ein bisschen zickig. So jedenfalls hab ich es verstanden. Nach dem Kampf mit den Ziegen habe ich keine Kraft mehr, jetzt auch noch gegen Esel zu rebellieren. Ene mene mu, und der Esel, der bist du – in dem Fall ich.

Also gut, wenn das die einzige Möglichkeit ist, von hier wegzukommen, soll sie mir wenigstens sagen, wohin wir reiten müssen.

Ich zeige mit meinen Armen in alle Himmelsrichtungen.

»Wohin, Anna?« Sie deutet auf einen Hügel, beschreibt zwei Wellenbewegungen und eine Rechtskurve mit der Hand und sagt »*Fratello di Claudio*«.

Aha, wir müssen also da rauf und dann wohl wieder runter, dann noch mal rauf, und oben geht's wohl dann rechts ins Dorf, wo der Bruder lebt. Na, hoffentlich ist das auch so einfach. Sie faselt, Bruno wüsste alles, es wäre so ausgemacht mit Claudio. Ich kapiere, wir sollen uns endlich vom Acker machen, sie hat wohl anderes zu tun, als uns weiter zu bewirten.

Mit Vergnügen, möchte ich ihr antworten, aber da gibt's ein kleines Problem. Wie soll ich bitte diesen Mann in seinem Zustand auf einen Esel bekommen, und wie soll der Esel wissen, wo er hinsoll, wenn ihn keiner führt! Herrgott noch mal, ich wohne seit Jahrzehnten in der Stadt und nicht auf einem Bauernhof, ich kann das nicht!

Aber ich reiße mich zusammen und bitte Anna inständig, mir wenigstens zu helfen, Bruno einigermaßen fit zu machen.

Träum ich oder wach ich?
Bruno

Jutta schnarcht laut vor sich hin. Überall riecht es nach Stroh. Hoffentlich wecke ich sie nicht. Wenn ich nur an den ganzen Ärger und die Schwierigkeiten denke … In meinem Kopf dreht sich alles, ich lege mich auf einen Haufen Stroh. Es piekt. Unruhig werfe ich mich von einer Seite auf die andere, aber ich kann nicht einschlafen. Draußen knabbert eine Ziege an etwas herum, und ständig bimmelt ihr Glöckchen. Etwas kitzelt mich an der Stirn, vielleicht eine Spinne, die von ihrem Netz herunterbaumelt, oder doch eine Stechmücke? Mit der Hand ertaste ich ein Strohbündel. Ich schiebe es mir unter den Kopf, als eine Art Kissenersatz. Aber was ist das? Es zerbröselt und löst sich in seine Bestandteile auf … Verdammt, das ist ja Ziegenscheiße!

Davon wird wohl noch mehr herumliegen. Ich bewege mich daher sehr vorsichtig. Vielleicht habe ich jetzt endlich die richtige Position gefunden. Während ich es mir bequem machen will, stoße ich mit den Knien an eine dieser Schubkarren, die wahrscheinlich zum Stallausmisten benutzt werden. Sie scheint leer und vor allem sauber zu sein. Langsam krieche ich vorwärts, dann klettere ich hinein. Jutta schnarcht weiter vor sich hin. Gelenkig wie ein Schlangenmensch schlüpfe ich aus meiner Jacke und decke mich damit zu. Ich versuche zu schlafen, aber die Nachwehen meines Rausches machen mir zu schaffen. Mir ist übel, alles dreht sich, ich habe einen so verfluchten Durst, dass ich auf einen Rutsch zehn Schweppes hinunterkippen könnte. Inzwischen hat sich zu den kribbelnden Ameisen in meinem Bauch eine Schar Zwerge gesellt, die auf meine Schläfen einhämmern. Jetzt würde ich Jutta nicht für Milch und Esel eintauschen, sondern für die Erfüllung mindestens eines der folgenden Wünsche: a) in fünf Minuten ist es acht Uhr morgens, b) ein Aspirin oder c) eine Zeitmaschine, die mich zurück nach Rom beamt.

Anders als bei früheren Besäufnissen kann ich mich diesmal an alles erinnern: mit wem ich getrunken habe, was ich getrunken habe und ... o Gott, wie tief bin ich gesunken! Das darf doch nicht wahr sein. Auf Eseln nach Gesturi, das kann nur ein Traum sein!

Wie oft schon bin ich mit klopfendem Herzen aufgewacht, und es hat ein wenig gedauert, bis ich begriffen habe, dass alles nur ein Traum war! Die eigene Frau eine Ziege melken zu lassen, das ist so absurd, dass ... Ich schließe die Augen und drehe mich auf die andere Seite, wobei ich hoffe, dass ich nicht mitsamt der Schubkarre umkippe. Ich muss unbedingt noch einmal in meinen Traum einsteigen, um zu sehen, wie er wohl ausgeht. Normalerweise klappt das ... Verkaufen! Ja, genau, das habe ich getan: Ich habe Jutta für zwei Maultiere »verkauft«! Es wäre höchst interessant, diesen Traum zu deuten! Die eigene bessere Hälfte an einen ungehobelten, dickköpfigen sardischen Hirten mit großen, rauen und schwielenbedeckten Händen zu verkaufen!?

Jemand hat mal gesagt: »Gebt mir einen Traum, in dem ich leben kann, denn die Wirklichkeit bringt mich um.« Na ja, das kann ich im Moment nicht, aber wie gern hätte ich das geträumt! Doch keine Chance! Es ist also tatsächlich passiert. Ich sehe den nächsten Morgen vor mir: Jutta mit dem Eimer zwischen den Beinen, die eine

Hand drückt das Euter und die andere zaghaft die Zitzen der Ziege. Verdammt, was habe ich da bloß angestellt! Sobald ich wieder in Rom bin, muss ich darüber mit einem meiner Freunde – einem Psychiater! – sprechen.

Dann schlafe ich ein.

Um mich herum springen lauter rosafarbene Schafe durch den Stall. Neben »meiner« Schubkarre steht eine zweite, in der Vladimir Putin mit drei jungen Steppenwölfen Karten spielt. Und statt Jutta liegt Jessica Rabbit, die Frau von Roger Rabbit, in einem verführerischen roten Kleid im Stroh, singt »My Way« und streichelt mein Knie. Hinter dem Melkstand schaut Freuds bebrillter Kopf hervor und schreit wie besessen: »Du bist einer meiner Fälle! Du bist einer meiner Fälle!« Außerdem sehe ich die Comic-Maus aus dieser italienischen Werbung für Parmesankäse, die mir erklärt, dass sie in Wirklichkeit gar nicht aus der Emilia stammt, sondern aus Sardinien und es hasst, im Fernsehen mit diesem dämlichen Akzent aufzutreten, aber leider brauche sie das Geld. Eine Fledermaus fliegt vor mir vorbei und sagt: »Du träumst, Bruno ...«, dann verzieht sie sich wieder. Ich lasse mich überzeugen und versuche, mich zu kneifen, damit ich endlich aufwache. Keine Chance, alles wie gehabt. Zweimal kneifen. Nichts. Ich entreiße Jessica Rabbit das Mikrophon und schlage es mir auf den Kopf. Wieder nichts. Ich packe einen von Putins Wölfen und zwinge ihn, mich in den Arm zu beißen. Immer noch nichts. Da haben wir es: Ich versuche, mich mit der Schubkarre umzudrehen und ... BUMMM! ... Hurra, ich bin wach! Was für ein Traum!

Hier ist es immer noch stockdunkel, und ich komme mir vor, als wäre ich gerade einem Fantasyfilm entsprungen. Jutta schnarcht immer noch wie vorher. Nun weiß ich, wo sie ist. Ich gehe zu ihr, lege mich neben sie und nehme sie in den Arm. Ich will nicht an morgen denken. Ich muss weiterträumen. Ich zähle die Schafe im Flughafen: eins, zwei, drei, vier ... Ich muss weiterschlafen, schlafen, weiterträumen ...

Ein sonniger, aber nicht zu heißer Nachmittag in München; ich fahre auf meinem Rennrad die lange, romantische Nymphenburger Straße entlang, die vom Schloss zur Stadtmitte führt. Ich radele langsam und in Gedanken versunken vor mich hin (ich bin schließlich der Typ, der gar keine Auto hat!), und als ich vom Lenker hochschaue, sehe ich eine Frau vor mir. Was heißt hier Frau, die ist echt der Hammer! Sie erscheint mir wie eine Fata Morgana: Goldblonde lange Haare, ein helles körperbetontes T-Shirt, endlose Beine, die sich in wunderschönen Schuhen mit schwindelerregenden High Heels verjüngen (da können Juttas Sandaletten einfach nicht mithalten!). Die Erscheinung schaut weder nach rechts noch nach links, sie bewegt sich, nein, sie schreitet majestätisch vorwärts. Wirklich ein Superweib! Ich überhole sie und versuche zumindest das Profil dieser geheimnisvollen Signora im Gedächtnis abzuspeichern. Die Straße macht eine leichte Kurve, das reicht, um aus ihrem Blickfeld zu verschwinden. Urplötzlich überkommt mich brennender Durst. Ich nehme den Helm ab und setze mich auf ein Mäuerchen, wo ich ein wenig ängstlich warte. Sie wird doch wohl nicht – nein, das wäre zu grausam – umgekehrt sein? Nein, da ist sie ja, und sie kommt auf mich zu. Ich wage noch nicht aufzublicken. Mit gespielter Lässigkeit mache ich mich an meinem Handy zu schaffen und ...

»Liebling, wo bist du?«

Jutta!

Auf den Esel gekommen
Jutta

An beiden Armen zerren wir Bruno hinaus ins Freie. So betrunken scheint er nicht mehr zu sein, als dass er nicht mitbekommt, was wir mit ihm anstellen. Immerhin ein Fortschritt! Wir setzen ihn auf einen abgesägten Baumstumpf, und Anna zieht ihm Jackett und Hemd aus. Der Arme, der friert doch, denke ich mir noch, bevor Anna in der nächsten Sekunde einen Eimer Brunnenwasser über Bruno schüttet. Wie ein Pfeil schießt er hoch und schreit, was das Zeug hält, ich befürchte, er kollabiert jede Sekunde.

»*Tu sei matto*«, schreit er Anna an, und ich bin nur froh, dass nicht ich auf diese Idee gekommen bin. Ich glaube, mich hätte er umgebracht, bei Anna jedoch hat er Skrupel. Aber wach ist er.

»*Va bene!*« Sauer ist er auch, aber was hilft's? Ich renne los, um irgendetwas zu finden, womit er sich abtrocknen kann. Die Hose scheint auch ein bisschen nass zu sein. Na, das wird lustig auf dem Esel! Ich überlege mir krampfhaft, wie ich ihm beibringen soll, dass wir leider nicht mit Claudio, sondern auf zwei Eseln zu diesem Bruder kommen müssen. Wenn Bruno wütend ist, ist er *sehr* wütend, und das fürchte ich in diesem Moment. Für einen handfesten Krach bin ich zu angeschlagen. Mit einem einigermaßen sauberen Lappen kehre ich zu den beiden zurück und tupfe vorsichtig die nassen Schultern meines Liebsten ab.

»Bruno, hör zu, wir haben ein kleines Problem!«, versuche ich mit sanfter Stimme seine Aufmerksamkeit auf mich zu lenken.

»Claudio ist schon weggefahren, zurück zum Flughafen, du warst ja nicht in der Lage aufzuwachen, und so müssen wir nun leider mit zwei Eseln weiterkommen. Ich hoffe, du weißt, wie das geht, denn ich kann nicht reiten, du musst meinen Esel mitziehen, verstehst du?«

Er schaut mich erstaunt an.

»Ja, ja, nun guck nicht so, ich hab dir das nicht eingebrockt«, maule ich ihn an. Er jedoch beginnt eine Tirade, die mehrere Minuten dauert und mich sprachlos macht: Ich solle ihm dankbar sein, denn wenn er nicht gestern Abend mit Claudio noch einen ordentlichen Deal gemacht hätte, könnte ich heute zu Fuß gehen. Nur durch sein Zureden habe er Claudio davon überzeugen können, uns seine beiden wertvollen Esel zu leihen, mit denen wir heute zu Claudios Bruder, der schon auf uns warten würde, reiten könnten. Im Gegenzug solle ich Anna etwas unter die Arme greifen. Ob ich schon die Ziegen gemolken hätte?

Wenn ich jetzt alleine mit ihm wäre, würde ich ihm an die Gurgel springen. So jedoch sage ich nur: »Verstehe ich das jetzt richtig, du hast es so arrangiert, dass ich hier die Drecksarbeit mache, während du genüsslich deinen Rausch ausschläfst? Und damit wir an zwei dämliche Esel kommen, lässt du mich Ziegen melken?? Ich komme jetzt, auf welchem Weg auch immer, mit zu diesem blöden Bruder, und dann mach ich mich auf den Weg zum Flughafen. In München rufe ich als Erstes eine Spedition an und organisiere den Transport meiner Habseligkeiten von Rom nach München. Das, mein Lieber, ist definitiv das Ende unserer Beziehung. Wir sind hier nicht im Orient, sondern lediglich auf einer beschissenen italienischen Insel, und so was hat noch nie ein Mann mit mir gemacht, und – darauf kannst du wetten – das wird auch nie wieder einer mit mir machen!!!!!!!!!!!«

Anna, des »Dinglischen«, jenes merkwürdigen deutsch-italienisch-englischen Sprachgemischs, in dem wir uns normalerweise unterhalten, eindeutig nicht mächtig, schaut verwirrt von einem zum anderen. Aus der Küche holt sie eine Tüte und steckt sie in die Satteltasche, während ich versuche, meinen Esel auf den Weg zu ziehen. Bruno zieht Hemd und Jacke an. Anna reicht ihm den Strick, der um den Hals seines Esels hängt. Ich drehe mich nicht um, denn ich habe keine Lust, zu sehen, wie er mal wieder seine Siebensachen sucht. Er vergisst grundsätzlich immer irgendetwas. Insgeheim hoffe ich, dass es ihn ordentlich von seinem Muli runterhaut und er auf seinen Allerwertesten fällt. Ich selbst ziehe meinen freundlich trabenden Vierbeiner hinter mir her. Sobald er stehen bleibt, werde ich wieder bayrisch singen, denn das scheint der sardischen Sprache in Tierohren am nächsten zu kommen.

Minuten später rufe ich über die Schulter zurück: »*Grazie, ciao Anna*«, und locke mein Tierchen langsam bergaufwärts.

Plötzlich wird es richtig laut hinter mir, und das »Aaaaaaaaaoooooooooh ... Stooooopp« von Bruno kommt näher und näher. Ich gehe stoisch weiter, als der Esel mit dem unsicher auf seinem Rücken auf und ab hopsenden Bruno an mir vorbeizieht. Mein Tier, wohl vom Tempo seiner Partnerin angefeuert, macht mit einem Mal einen Satz, reißt sich los und galoppiert mit wehenden Steigbügeln hinterher. Pfeilschnell rasen die beiden hügelaufwärts, und bevor sie die Kuppe erreicht haben, sehe ich noch, wie Bruno in hohem Bogen abgeworfen wird. Weg sind sie. Glucke, die ich nun mal bin, wenngleich auch eine zutiefst beleidigte, laufe ich zu Bruno und helfe ihm auf.

Offensichtlich hat er sich weh getan, und ich hoffe, es wird ihn noch lange schmerzen. Jedoch werde ich mich auf keine Mitleidsbezeugung einlassen, soll er doch sehen, wie er weiterkommt. Jetzt müssen wir die beiden Viecher finden, sonst kriegen wir da auch noch Ärger. Das Tal, das sich hinter der Kuppe vor uns ausbreitet, ist größer, als ich vermutet habe. Wohin sind die beiden wohl verschwunden?

Anna hat uns ihre Namen nicht verraten, so kann man sie auch nicht rufen. Worauf hört ein Esel eigentlich? Ich hab mal gesehen, wie ein Bauer mit der Zunge geschnalzt hat, ich versuche es, aber es ist viel zu leise. Reichlich verzweifelt ziehe ich meine Schuhe aus und stecke sie endgültig in meine Tasche. Es erscheint mir sinnvoller, barfuß über die Steine zu gehen, als mir den Knöchel zu verstauchen.

Schon als kleines Mädchen bin ich im Sommer lieber barfuß gelaufen, als mich in irgendwelche Schuhe zu quälen. In den siebziger Jahren war es außerdem höchst schick, sogar in der Stadt in Hippie-Kleidern barfuß zu gehen. Um meine Fußgelenke baumelten silberne Kettchen mit kleinen Glöckchen, und die beiden zweiten Zehen trugen einen Ring. Ich bevorzugte zwei alte geerbte goldene Ringe, die mir am Finger zu klein geworden waren und die sich über alle Maßen sexy an meinen, wie ich fand, sehr hübschen Füßen ausnahmen. Bruno, der grundsätzlich immer, selbst bei vierzig Grad im Schatten, Halbschuhe, und meist auch noch mit Socken, trägt, lacht sich bestimmt ins Fäustchen! Aber ich werde ihm nicht den Gefallen tun, zu jammern. Ich werde jetzt hocherhobenen Hauptes und strammen Schrittes meinen verdammten Esel einfangen und mich dann auf denselben setzen, auch wenn es das erste Mal ist. Und ich werde mich in seine Mähne krallen und meine Schenkel fest um seinen Bauch klemmen, und dann werden wir ja sehen, wer hier lacht.

So laufe ich, so schnell es eben möglich ist, auf dem Weg ins Tal. Habe ich heute Nacht mit der Kälte gekämpft, so wünsche ich mir jetzt ein wenig davon. Sei es wegen der Konzentration auf den Weg oder der immer kräftiger werdenden Sonne – mir läuft der Schweiß nur so runter. Da ich mich völlig darauf konzentriere, wo ich hintrete, habe ich nicht mitbekommen, dass Bruno nicht mehr hinter mir ist. Irgendwo muss er abgebogen sein. Wieso sagt er nichts? Wenn er unsere Esel schon irgendwo entdeckt hat, kann er mir das doch wenigstens sagen? Ich werde schon wieder wütend. Rufen werde ich ihn nicht, das kommt nicht in Frage. Wie heißt denn bloß mein Tier?

»Iiiiiiiaaaaaah, iiiiiiiaaaah, Eselchen, kommt her«, rufe ich ins Gelände. Gott, ist das albern. Okay, also lasse ich mich halt doch herab und rufe Bruno. Nachdem ich in alle Himmelsrichtungen gebrüllt habe, wird ja wohl ein Lebenszeichen kommen, denke ich mir.

Aber weit gefehlt, nichts passiert. Panik überfällt mich, ich laufe ein Stück den Feldweg zurück und entdecke eine Abzweigung. Da ich jedoch unten im Tal bin, kann ich nicht erkennen, wo sie hinführt. Also laufe ich weiter den alten Weg zurück. Vielleicht sind die Esel und auch Bruno ja weit abseits und können mich gar nicht hören. Ich laufe immer schneller bergan und spüre weder Steine noch Disteln. In meinem Kopf wirbeln die Gedanken durcheinander.

Was, wenn die beiden immer weitergerannt sind und Bruno hinterher und sie alle drei jetzt in einem ganz anderen Tal sind?

Noch ein Stück höher, dann muss ich etwas sehen, atemlos versuche ich meine Gedanken zu ordnen. Als mich die Erschöpfung zum Anhalten zwingt, drehe ich mich um. Ich kann zwar kein Buch mehr ohne Brille lesen, aber in die Ferne sehe ich scharf wie ein Adler. Ich suche mit meinen Augen die Wege ab, sehe große Bäume, schärfe meinen Blick und entdecke plötzlich Bruno.

»Bruno, Bruno, bleib stehen, bitte, ich komme gleich«, schreie ich aus vollem Halse und renne los.

Immer wieder irritieren mich kleine Pfade, die sich zwischen all den Olivenbäumen und Mandelbäumen hindurchschlängeln. Von oben waren sie nicht sichtbar, der Weg sah eindeutig aus, und jetzt ist es wie in einem Labyrinth.

Ich erkenne Traktorspuren, alles sieht nach baldiger Ernte aus, denn die Olivenbäume strotzen in ihrer vollen Pracht. Die Richtung, in der sich Bruno und hoffentlich auch die beiden Ausreißer befinden, habe ich mir eingeprägt, aber jetzt sehe ich den Wald vor lauter Bäumen nicht mehr. Wie ein Hase laufe ich im Zickzack in seine vermeintliche Richtung.

Endlich antwortet Bruno auf meine Rufe, und aus einiger Entfernung meine ich auch ein »Iiiiaaaaaaah« zu hören. Ich muss weiter rechts hinauf, hier bin ich falsch.

»Antworte noch einmal, bitte«, rufe ich ihm entgegen. Mit arrogantem, vorwurfsvollem Blick ob meiner Verspätung steht er da. Mit seinem Esel am Strick sieht er aus, als sei er im falschen Film gelandet. Ich frage mich, wer hier wen hält? Seine Augen blicken trüb drein, fast tut er mir schon leid.

Ob er wisse, wo mein Tier sei, frage ich ihn, und er deutet nur nach links. Friedlich grasend steht mein Langohr unter einem ausladenden Baum. So geschützt vor der Sonne, lässt es sich gut schmausen. Wenn hier noch eine Quelle wäre, würde ich glatt mit ihm tauschen. Plötzlich verspüre ich brennenden Durst. Was, wenn wir hier nie mehr rausfinden und man uns nach Tagen verdurstet und verhungert auffindet?

»Geht dein Handy hier endlich? Warum rufst du nicht um Hilfe?« Verzweifelt blicke ich zu meinem Freund. Genau das habe er die ganze Zeit versucht, aber nun sei auch noch sein Akku leer, und Empfang habe er nur einmal kurz unten im Tal gehabt, als er unter anderem versucht habe, sich auf dem blöden Esel zu halten. Gerade als er dabei war, die Nummer von Maurizio zu wählen, habe Anna dem Tier eins hinten draufgegeben, und es sei wie angestochen losgeprescht. Wie also sollte er da noch telefonieren können, wo er doch seine ganze Kraft aufwenden musste, um nicht herunterzufallen, was, wie ich ja vielleicht bemerkt hätte, dann ja doch geschehen sei.

»Und was nun?«, antworte ich. »Wir können ja nicht hier auf bessere Zeiten warten. Lass uns den Hauptpfad suchen, oder wir gehen ganz zurück zu Anna!«

Entschlossen mache ich mich zu meinem Esel auf, der, kaum dass er mich sieht, Reißaus nimmt. Brunos Esel verfällt augenblicklich in einen Galopp und schleift den überraschten Reiter am Strick hinter sich her. Ich folge dem Gespann unter schrecklichen bayrischen Schimpfworten, die ich an dieser Stelle nicht wiedergeben möchte. Jeden Außenstehenden, der die Chance hat, uns zu beobachten, müsste unsere Situation vor Lachen in die Knie zwingen. Ich selbst könnte heulen.

Irgendwie gelingt es Bruno, meinen Vierbeiner zu stoppen. Da stehen die drei nun. Bruno halb um einen Olivenbaum gewickelt, aber an jeder Hand einen Esel.

»Komm, hilf mir, Jutta«, brüllt er. Ja klar, was soll ich denn sonst tun, verkneife ich mir zu antworten und stürze mich auf mein störrisches Muli. Ich packe es an seinen langen Ohren und zausele es erst mal. Das scheint es wenig zu beeindrucken, denn es frisst schon wieder, diesmal Blätter. Eine gute Gelegenheit für einen neuen Aufstiegsversuch. Mein Muli grunzt und macht einen Schritt zur Seite. Fast hätte ich das Gleichgewicht verloren, doch mein Tier trabt in Ruhe los.

Während ich krampfhaft meine Handtasche und den Mantel in der Hand halte, verliere ich meinen schönen neuen Strohhut. Ich schreie kurz auf, aber da ich nicht herunterplumpsen möchte, muss ich mich auf den Esel konzentrieren. Ich drücke meine Schenkel fest an sein rundes Bäuchlein, was ihm offenbar gut gefällt, denn er fällt in einen gleichmäßigen Schritt, während es mich auf seinem Rücken hin und her beutelt. Hoffentlich weiß das Tier, wohin wir wollen! Zu gerne würde ich mich nach Bruno umdrehen. Ich muss ihn rufen, bevor es zu spät ist. Hoffentlich erschrickt das dumme Vieh dann nicht und wirft mich ab. So mache ich, ganz Eselflüsterin, leise »brrrrrrr, *caro*, brrrrrrr«, und siehe da, nachdem ich auch ein bisschen an den Zügeln gezogen habe, bleibt es stehen! Wow, das hätte ich nicht erwartet!

Vorsichtig sehe ich mich um. Noch immer hege ich einen gebührenden Zorn gegen meinen Herzallerliebsten, aber angesichts unseres gemeinsamen Schicksals flaut er ein wenig ab. Noch schlimmer wäre es, jetzt ganz alleine zu sein. Sobald wir wieder in der Zivilisation angekommen sind, kann ich mir ja immer noch überlegen, wem ich alles einen Tritt in den Hintern verpassen will.

Blöd ist mein Untersatz wohl nicht, denn er geht direkt auf einen breiten Weg zu, der, so bete ich, uns zu Claudios wartendem Bruder führt.

Stur wie ein Maultier
Bruno

Auf den ersten Blick mögen die beiden Maultiere gleich aussehen, aber bei genauerem Hinsehen ist der Unterschied klar erkennbar. Vor allem in der Größe: Mein Tier ist so hoch wie ein gewöhnlicher Esel, das heißt etwa einen Meter, während das von Jutta als Kreuzung von einem Pferd mit einer Eselin (genauer gesagt einem Hengst mit einer Stute des Gemeinen Hausesels) besonders klein ist. Tatsächlich, erklärt mir Anna, wird Juttas Tier wegen seiner gemischten Herkunft *bardotto* genannt, eine ziemlich komplizierte Mischung, die mehr in Richtung Esel geht.

Obwohl die Sarden sowieso eigene Kreuzungen haben und die Bezeichnungen Maulesel und Maultier recht zufällig verwenden und noch viele andere Namen für diese Tiere haben. Mein Tier ist ungefähr sechs Jahre alt, unauffällig, gut erzogen und eigentlich zurückhaltend, auch wenn es mich gleich beim Eintreffen am Gehege gestern Abend gebissen hat. Doch seine Besitzerin versichert, dass wäre am Anfang immer so, weil es sich etwas schwertue mit Freundschaften, und im Laufe des Tages lässt es sich auch gern von mir bewundern und sogar die eine oder andere Streicheleinheit zu. Ferru – der Name passt besser als jeder andere, weil er so kräftig wirkt – hat letzte Weihnachten eine tragende Rolle beim Krippenspiel in Monastir gespielt, und vielleicht, meint Anna stolz, habe ja auch er eine Zukunft als Schauspieler vor sich. Juttas Maulesel namens Fil'e ist der Esel, der die ganze Nacht geschrien hat – aber man kann den Wind nicht bitten, nicht zu wehen, meint unsere Freundin Anna dazu nur. »Sie sind beide zahm, willig und einfach zu handhaben, ihr dürft sie jedoch nicht ausnutzen. Wie alle Tiere verdienen sie Respekt.«

Es ist angenehm, dort in der morgendlichen Sonne zu stehen und Annas Worten zu lauschen, trotz meiner mörderischen Kopfschmerzen. Ihre Welt ist ein sich selbst genügender Hirten-Mikrokosmos. Sie stellt alles selbst her: ihre Werkzeuge, die irdenen Töpfe, die Kleider aus Wolle, die Matten, die Weidenkörbe. Wenn ihr Mann nicht da ist, verkauft sie das Gemüse und den Weizen auf dem Markt, um ihren Speiseplan zu bereichern. Beide verbringen abwechselnd viele Nächte im Stall, um Käse zu machen oder die Schafe zu scheren. Aber all das reicht nicht. Wenn es Ferru nicht gäbe, der ihnen die Arbeit erleichtert, indem er die Milchschläuche transportiert oder das eine oder andere Lämmchen, das Hilfe braucht, das Brennholz, die Eicheln für die Schweine ... Sie wüssten nicht, wie sie es schaffen sollten. Während sie uns all das erzählt, richtet sie auf den breiten Rücken der beiden Lastentiere Satteltaschen mit etwas Focaccia und anderen Lebensmitteln für uns und einen Korb für den Heuproviant – schließlich kriegen unsere Esel auch irgendwann Hunger.

»Also, passt gut auf, es sind nur ein paar Kilometer, aber wenn ihr auf einen schlechten oder zu holprigen Pfad trefft, nehmt die Satteltaschen ab und ladet sie auf eure Schultern. Das gilt vor allem für die kleine Fil'e, Jutta, ich möchte nicht, dass sie ausrutscht und sich ein Bein bricht ... Das wäre wirklich ein großer Verlust.«

»Nur keine Sorge, Anna. Was meinst du, was ist die richtige Sitzposition – vorne, in der Mitte oder hinten?«

»Hast du schon mal im Sattel gesessen? Denn wenn du nicht ein bisschen Sinn fürs Gleichgewicht hast, kannst du dich unmöglich oben halten.«

»Ja, auf einem Pferd, meine Tochter Franziska in Deutschland hat zwei wunderbare Tarpane, das sind Nachzüchtungen von ausgestorbenen Wildpferden ... Aber vielleicht ist das bei ihnen anders.«

»Du musst wie auf einem Pferd sitzen, in der Mitte des Rückens und vorne bei der Satteltasche. Nicht zu weit hinten, denn dann fällt man leichter runter. Wichtig ist vor allem, dass du NIE hier auf den Nieren sitzt, der hintere Teil des Rückens ist der schwache Punkt des Esels. Bruno darf sich auch etwas weiter nach hinten setzen, du nicht. Fil'e ist nicht so kräftig wie Ferru. Fangen wir bei deinem Mann an ...«

»Anna, ich habe doch schon gesagt, er ist nicht mein Mann, wir sind nicht verheiratet.«

»Was macht denn das für einen Unterschied? Es ist immer noch dein Kerl! Also, hör mir gut zu, Bruno: Denk zunächst einmal ans Gleichgewicht. Wenn du aufsteigst, press nicht die Beine zusammen, um dich oben zu halten. Du musst dich erst ein wenig daran gewöhnen. Aber du wirst schon sehen, dann ist es ganz bequem, und du fühlst dich auch sicherer. Sonst noch Fragen?«

»Also, eigentlich bin ich noch nie geritten, Anna ... Ich könnte nicht einmal auf einer Ziege reiten, geschweige denn auf einem Maultier. Ich habe in meinem Leben nur ein paar Galopprennen und zwei Aufführungen von *Apassionata* gesehen. Ich habe keinerlei Erfahrung mit Pferden.«

»Angsthase, du hast bloß Schiss ... Steig auf, ich führe dich. Entspann dich.«

Ich bin gerade aufgesessen, zum ersten Mal in meinem

Leben, und obwohl ich mich auf einer Schaufel abstützen musste, bin ich stolz, dass ich es überhaupt geschafft habe. Wie ein Abc-Schütze befolge ich Annas Anweisungen: nach vorne, rechts, links, stopp. Sie sagt, dass Ferru mich mag, er hätte auch rumbocken können. Ein gutes Zeichen. Ich bitte sie dennoch, so lange bei mir zu bleiben, bis ich Zutrauen zu ihm gewonnen habe. Ich befolge ihre Ratschläge genau: langsame Bewegungen, leise Stimme, ab und an eine Streicheleinheit. Ich werfe mich so richtig ins Zeug, als Jutta auf einmal zu mir kommt und mir auf den Schenkel schlägt, als wollte sie sagen: »Gut gemacht!« Wäre sie nicht meine liebreizende Gefährtin, würde ich jetzt die Schaufel packen und ihr damit kräftig eins überziehen. Welcher Teufel hat sie da nur geritten? Ich habe schon Schwierigkeiten genug, mich im Gleichgewicht zu halten. Auch Ferru scheint ihre Geste zu stören. Ohne nachzudenken, treibe ich ihn mit zwei kräftigen Schlägen auf den Hals und einem mit fester Stimme ausgesprochenen Befehl an; der Esel geht wirklich vorwärts, aber nach kaum fünf Metern schreit er »Iii-aah«, bäumt sich auf und wirft mich mitsamt der Satteltasche ab. Glücklicherweise lande ich neben Anna, die mich sofort wegzieht, damit er nicht mit dem Huf auf meinen Fuß tritt. Das tut weh!

Anna sagt, dass es nicht Juttas Schuld war (typisch weibliche Solidarität!), sondern an meinem Tonfall lag. »Maultiere sind ja keine Menschen, die denken nicht, sie handeln rein instinktiv. Du kannst sie manchmal anschreien, aber du darfst ihnen nicht urplötzlich zwei Mordshiebe verpassen. Los, gleich noch einmal! Und mach den Rücken krumm!«

Wenn jetzt auch geklärt ist, was meinen Ferru erschreckt haben könnte, kann mir doch keiner sagen, warum er sich auf einmal völlig bockig stellt, sobald ich wieder aufsitze. Und zu allem Unglück (das anscheinend immer mich trifft!) kommt in diesem Moment ein befreundeter Bauer von Claudio und Anna mit seinen Schafen vorbei, Zio Gavino mit Namen. Vielleicht waren es die Glöckchen seiner Tiere oder auch meine Angst, auf jeden Fall rennt Ferru wie besessen vor zu der kleinen Straße, die am Gehege entlangläuft. Balancierend wie ein Akrobat, schaffe ich es, oben zu bleiben, bis ich doch wieder abgeworfen werde, und zwar ausgerechnet in einen Brombeerbusch. Diesmal glaube ich wirklich, dass ich mir das Kreuz gebrochen habe. Doch anstatt mir zu helfen, lachen alle aus vollem Hals. Na ja, eigentlich komme ich mit ein paar Kratzern an den Schienbeinen davon. Nichts Schlimmes. Nach einer Weile packt mich Zio Gavino mit seiner Riesenpranke unterm Kinn, so dass ich aufschauen und ihm in die Augen sehen muss.

»Dir fehlt nur ein wenig Übung, mein Freund. Komm mit mir, lassen wir die Frauen allein.« Also gehen wir zu seinem Gehege inmitten von grünen Wiesen. Dort empfangen uns seine Enkel, sieben und neun Jahre alt, die fröhlich mit vier dunkelhaarigen Eselchen spielen. Zio Gavino weist mich – diesmal in perfektem Italienisch – darauf hin, wie wichtig der Kontakt zwischen den Kindern und diesen großartigen, sanftmütigen Tieren ist, um ihre Fähigkeiten auszuschöpfen und nicht nur eine Persönlichkeit zu entwickeln, sondern auch die Sprache. Er sagt mir, dass ich auf dem erstbesten aufsitzen soll. Diesmal geht es fast wie von selbst, und ich brauche weder Hocker noch Schaufel. Und hier gibt mir Zio Gavino ein Beispiel für das Gleichgewicht, von dem Anna vorhin erzählt hat. Anscheinend stützen sich die Esel, die Lasten über die steilen Hügel transportieren, gegenseitig – der Esel am äußeren Rand des Weges drängt nach innen, während der Esel auf der Innenseite nach außen drängt. So unterstützen sie einander, während sie ihre Lasten schleppen. Diese Beziehung muss sich zwischen Esel und Mensch wiederfinden: wie ein Tanz, bei dem jeder dem Rhythmus des anderen folgt.

»Jetzt hast du deine Lektion gelernt, komm wieder runter, geh zu deinem Ferru und streichle ihn. Es gibt nichts Bockigeres als ein Maultier, das nicht begreifen will.«

Wieder zurück, empfängt mich Anna und redet hektisch auf mich ein: »Also, Bruno, immer geradeaus ... Nach einhundert Metern nehmt ihr einen Pfad, der nach links abbiegt, und reitet bis zu den Weiden von Zio Gavino, dann wendet ihr euch nach rechts und geht weitere einhundert Meter nach oben bis zu einem größeren Hügel. Dort findet ihr ein kaputtes Gatter auf dem Boden, da reitet ihr drüber, das ist der Zugang zu dem alten Saumpfad. Nach etwa zwei Kilometern erreicht ihr den Agriturismo *Cumpari Santinu*, dort müsst ihr aufpassen, dass ihr nicht die neu asphaltierte Straße nach links nehmt, denn die führt nach Monastir. Ihr bleibt einfach auf dem Saumpfad und folgt dem Wegweiser nach Ussana. Ein alter Pfad, ihr könnt ihn nicht verfehlen.«

»Warte mal, Anna. Könntest du mir das auch aufschreiben?«

»Ach was, aufschreiben! Der Weg findet sich von allein.«

Dann steckt mir Anna noch einen zusammengefalteten Zettel zu, von Claudio, flüstert sie, und ich stecke ihn hastig in meine Tasche. Wir danken unserer Freundin für alles und machen uns frohgemut auf den Weg.

Auf ins Abenteuer!
Jutta

Als wir beide stumm und reichlich desolat auf unseren Maultieren dahintraben, sehe ich die berühmte Zeichnung Goyas von Don Quijote und seinem Diener Sancho Pansa vor mir, und ich muss unwillkürlich lachen. Wer von uns welcher ist, vermag ich nicht zu sagen, und auch unser Ziel ist ungewiss, aber mein Herz ist auf einmal leicht. Wird mir doch bewusst, dass es schon andere gab, die sich so auf den Weg gemacht haben. Stets ist alles geplant in unserer Zivilisation, hektisch rennen wir von einer Verabredung zur andern, wissen meistens, mit wem und wie wir den Abend verbringen, leben mit dem Terminkalender unter dem Arm und versuchen unsere Stunden sinnvoll und gewinnbringend zu füllen. Jetzt sitze ich einfach still auf einem Muli, das, wenn es ihm einfällt, stehen bleibt, weil ihm ein besonders schmackhaftes Kräutlein ins Auge fällt. Die Welt scheint uns zu entschleunigen, als wäre sie auf die Bremse getreten. »Öffnet mal eure Augen und Sinne und erkennt, wie schön alles sein kann«, scheint sie uns sagen zu wollen.

Heiterkeit breitet sich in mir aus, die die Verpflichtung, unsere Verabredung in Gesturi einzuhalten, verdrängt. Mein Bedürfnis nach einem gewohnten Tagesablauf verschwindet, und ich bin bereit für das Abenteuer. Ich drehe mich leicht zur Seite, um in der Satteltasche nachzuschauen, was uns Anna in letzter Sekunde zugesteckt hat, wer weiß, was da drin ist? Vier saftig-ölige Focaccias, hmm, ein großes Stück Salami und ein Stück Pecorino, zwei Tomaten und zwei gekochte Eier. Welch unverhoffter Genuss! Gerührt möchte ich ihr augenblicklich um den Hals fallen.

Sobald wir an ein schönes Plätzchen kommen, werde ich Bruno von unserem Reichtum berichten. Vielleicht gibt es ja eine Quelle oder wenigstens ein sauberes Rinnsal, dann wäre unser Mittagessen perfekt. Wie unklug von mir, kein Wasser mitzunehmen. So wie ich jedoch Anna und auch Bruno verstanden habe, sind es bis zu Claudios Bruder gerade mal ein paar Kilometer.

Felder und riesige Olivenhaine, so weit das Auge reicht, breiten sich vor uns aus, ziehen sanft bergauf, um dann hinter den Kuppen wieder abzufallen. Vor uns gabelt sich der Weg. Wir wissen nicht, wo wir weitergehen sollen. Wir bleiben stehen, ich steige vorsichtshalber ab, um nicht wieder der Willkür meines Maultiers ausgesetzt zu sein.

Auch ohne Wasser ist es doch ein guter Platz, um zu Kräften zu kommen«, und vielleicht zeigt sich ja dann der Weg von selbst. Man muss nur abwarten und spüren, wo es einen hinzieht, dann wird es auch richtig sein, philosophiere ich still vor mich hin.

Ich frage Bruno, ob er Hunger hat, und wedele verlockend mit Annas Tüte aus der Satteltasche. Augenblicklich erhellen sich seine Züge, Essen ist doch ein Allheilmittel gegen schlechte Laune und sonstige Gebrechen. Ganz nach dem Motto »Füttere die Bestie« führe ich meinen Esel zu einem Baum, um ihn festzubinden. Dann breite ich meinen Mantel auf der sattbraunen Erde aus und lege die Köstlichkeiten darauf. Bruno entfährt ein erstauntes »*No*«, bevor auch er seinen Esel versorgt und sich niederlässt.

Früher hatte ich stets ein Schweizer Taschenmesser dabei, so war ich allzeit bereit, zu schnippeln, Flaschen zu entkorken oder meine Nägel zu feilen. Mit der kleinen scharfen Schere konnte man sogar Seile durchschneiden, aber dank der vor Jahren eingeführten Flugsicherheitsbestimmungen sind unzählige meiner kostbaren Messer unter den gnadenlosen Augen der Beamten an Flughäfen in Mülleimer gewandert. So haben wir leider heute kein Messer und müssen wie Raubtiere unsere Zähne in die Beute schlagen. Wer schneller kaut, kriegt mehr ab. Wer hat den größeren Mund, um sich das größere Stück abzubeißen? Aber wir teilen alles gerecht.

Es ist schon bemerkenswert, wie sich eine solche Ausnahmesituation auf das Verhalten auswirkt. Normalerweise bin ich es als Mutter gewöhnt, mich beim Essen hinten anzustellen. Da ich jedoch noch wütend auf Bruno bin, auch weil er sich wie so oft kaum um etwas gekümmert hat, sondern es anderen überlässt, hab ich heute keine Lust dazu. So hat er es auch diesmal mir beziehungsweise Anna zu verdanken, dass er nicht verhungert. Und als ich jetzt in seine glücklichen Augen sehe, während er genüsslich ein großes Stück Brot mit Salami und Käse in den Mund schiebt, erkenne ich Dankbarkeit und fühle mich in meiner blöden Erwartungshaltung bestätigt. Sofort ärgere ich mich über mich. Wie viel schöner ist doch jeder Moment, wenn man ihn einfach so nehmen kann, wie er ist.

Die saftigen Tomaten löschen unseren Durst, und irgendwo finden wir sicher demnächst Wasser. Nachdem wir unsere Esel von den Bäumen losgebunden haben, stellen wir uns orakelnd an die Weggabelung. Ich schließe meine Augen, nachdem ich intensiv beide Möglichkeiten betrachtet habe. Bis zum Horizont bin ich im Geiste gelaufen, um die richtige Richtung zu erspüren.

Soll es nach rechts gehen oder nach links? Etwas zieht mich tatsächlich, aber am Handgelenk, und es ist keine fremde Macht, sondern der Esel.

»Na, hoffentlich hat der Blödmann recht«, schreie ich gerade noch Bruno zu, bevor ich weitergezogen werde. Wir ergeben uns und laufen mit unseren Maultieren mit, an Aufsteigen ist gar nicht zu denken.

»Bist du sicher, dass die Esel den Weg kennen?«, frage ich Bruno. Aber das ist natürlich die dümmste Frage, die ich stellen konnte! Wie kann ich nur sein Urteilsvermögen in Frage stellen? Er wisse schon, was er zu tun habe, und ich solle ihm vertrauen. Es müsse nach links gehen, die Esel hätten schon recht, und es sei letztendlich auch genau die Richtung, die ihm Claudio gestern Abend beschrieben habe.

»Ach, und daran willst du dich nach der Nacht noch genau erinnern, zumal es stockfinster war und du wohl kaum auch nur irgendeine Richtung erkennen konntest«, blaffe ich zurück.

Oje, jetzt wird es heiß zwischen uns. In puncto Sturheit sind wir beide Weltmeister. Aus Erfahrung weiß ich, dass er nichts annehmen wird, egal, was ich ihm jetzt vorschlage. Außerdem hat sich Bruno noch nie durch einen guten Orientierungssinn ausgezeichnet. Wenn ich jedoch nun einen anderen Weg einschlage und dieser absolut falsch ist, liegt der Schwarze Peter bei mir. Zugegeben, ich weiß es ja auch nicht besser, also folge ich ihm, indem ich mein Vertrauen in seinen Instinkt beteuere.

Auf einmal tauchen Frauen vor uns auf, vor sich Berge von nasser Wäsche, die sie in einem sanft dahinfließenden Bächlein waschen. Sofort führe ich mein Maultier ans Wasser, und es beginnt gierig zu trinken. Auch ich schöpfe mehrere Handvoll aus dem Bach und hoffe inständig, dass das Wasser nicht verseucht ist. Woran ich letztlich sterbe, ist jetzt auch schon egal, denke ich fatalistisch. Bruno, das weiß ich sicher, wird nie und nimmer davon trinken, lieber verdurstet er.

»Jutta, weißt du noch den Namen des Ortes, wo wir hinmüssen? Anna hat ihn mir gesagt, aber ich habe ihn vergessen.«

Wie bitte? Das kann nicht wahr sein. »Du hast mit ihr gesprochen, wie soll ich den Namen wissen?«, antworte ich entsetzt. Bruno ist bereits intensiv im Gespräch mit den Wäscherinnen und scheint sich weder an das Dorf, geschweige denn an den Namen dieses ominösen Bruders zu erinnern, denn soweit ich überhaupt etwas davon verstehen kann, beschreibt er gerade die Behausung unserer Schäferfamilie, die den Damen jedoch nicht allzu bekannt vorkommt. Freundlich und durchaus hilfsbereit sind sie, aber besonders ortskundig scheinen sie nicht zu sein. Wahrscheinlich kommen sie über ihre Hügel nicht hinaus. Vielleicht fahren sie ja auch nur einmal im Jahr in die Großstadt Cagliari.

In meiner Jugend war ich oft mit Freunden auf deren Bauernhof im österreichischen Burgenland. Von dort aus waren es genau sechs Kilometer zum großen Neusiedler See. Die Nachbarin, eine bereits in die Jahre gekommene Bäuerin, hatte, und das muss man sich mal vergegenwärtigen, noch NIE den See gesehen. Sie hatte große Angst davor und erzählte immerfort, wie tückisch dieser sei und wie viele dort schon ertrunken wären. Hier in dem Dorf hätte sie alles, was sie brauche, warum also in die Ferne ziehen? Das sollten die Männer machen, aber die Weiberleut sollten zu Hause bleiben.

Wer weiß, vielleicht denken diese Frauen genauso?

Wie auch immer, sie scheinen uns keine große Hilfe zu

sein! Nachdem unsere Eselchen genug getrunken haben und selbst Bruno dem Nass nicht widerstehen konnte, setzen wir unseren Weg fort. Wenn wir jetzt Bauchweh kriegen, wissen wir wenigstens, warum, und gemeinsam jammern verbindet dann auch wieder.

Meine Füße tun mir furchtbar weh, und selbst die Erdkruste, die ich mittlerweile unter den Sohlen habe, ist nicht wirklich hilfreich. So eine richtige Hornhaut wünsche ich mir, wie die Ureinwohner Australiens sie sicher haben. Die laufen über heißen Wüstensand, hab ich gelesen, als hätten sie die komfortabelsten Treckingschuhe an.

»Brrrrrr«, raune ich meinem Eselchen zu, »brrrrrr, bleib stehen, sei so lieb und lass mich aufsteigen, und wirf mich bitte nicht ab!« Ganz zärtlich hab ich es ihm gesagt.

»Bruno, weißt du, wie die zwei heißen?«, rufe ich ihm zu. Er ist bereits ein ganzes Stück weiter gekommen als ich.

»Meiner heißt Ferru, deiner Fil'e!«, antwortet er. Fil'e! Was für ein merkwürdiger Name!

»Fil'e, mein lieber Fil'e!« Sehr beeindruckt scheint er von seinem Namen nicht zu sein, wahrscheinlich mag er ihn auch nicht. Ich muss abwarten, bis er wieder irgendetwas fressen will, und dann, schwupps, schwinge ich mich auf ihn drauf! Esel, verflixter! So humpele ich dem Miststück hinterher, das mit mir macht, was es will.

In der Ferne sehe ich eine Staubwolke auftauchen, die beim Herankommen einen Mann auf einem Moped enthüllt. Bruno winkt ihn zu sich heran, scheint ihn etwas zu fragen, woraufhin der Mann den Kopf schüttelt und nach rechts deutet. Als Bruno ihm wieder eine Frage stellt, zeigt der Mann erneut nach rechts, zögert dann kurz und weist in die linke Richtung. Dann löst er sich mit lautem Getöse erneut in Staub auf.

»Wir sind falsch und müssen zurück. Wir hätten uns rechts halten sollen«, schreit Bruno mir entgegen und schwingt sich mutig auf Ferrus Rücken. Na wunderbar, denke ich, beruhige mich aber innerlich damit, dass wir nun ja zumindest auf dem richtigen Weg sind.

»Ich komme sofort«, rufe ich zurück und versuche es ihm gleichzutun. Fil'e hat wohl einen Mordsschreck erlitten und verharrt in panischer Starre, ich hab nun mal ein geschultes Theaterorgan. Ich nutze die Situation aus, um blitzschnell meinen Fuß in den Steigbügel zu stellen, kralle mich am Sattel fest und bin schon halb oben, als das verdammte Miststück sich wieder in Bewegung setzt.

Jetzt schreie ich »Brrrrrrrr«, was das Zeug hält, und ziehe mit aller Kraft am Zügel, hier geht's ums Überleben. Gottlob, er hat Erbarmen mit mir und lässt mich aufsteigen. Ich zittere am ganzen Leib. Die Vorstellung, er würde im Eselsgalopp mit mir, wenn ich lediglich einen Fuß im Steigbügel habe, davonspurten, treibt mir Tränen in die Augen.

Laut sage ich: »Danke, lieber Schutzengel, danke, dass du mich gerettet hast.« Bruno scheint von alldem nichts mitbekommen zu haben, denn unbeirrt trabt er weit vor mir dem Horizont entgegen.

Minuten später, nachdem ich eine Anhöhe erreicht habe, stoße ich wieder auf die beiden. Nett, dass er auch mal auf mich wartet, denke ich mir und möchte ihm von meinem Reitversuch erzählen. Als ich jedoch den verzweifelten Ausdruck in Brunos Augen sehe, lasse ich es bleiben. Weit und breit nur Landschaft. Weder ein Gehöft noch ein Kirchturm, der immer Gutes verheißt, ist zu erkennen.

»Vielleicht habe ich den Mopedfahrer vorhin falsch verstanden, der hat ja nicht mal richtig angehalten«, versucht er sich zu entschuldigen.

»Das gibt's doch nicht, bitte sag, dass das nicht stimmt, ich kann nicht mehr zurückreiten, und gehen kann ich erst recht nicht mehr, ich bin restlos am Ende!«, flehe ich meinen Lebensgefährten an. Am Himmel brennt die Sonne, meine Uhr zeigt Viertel nach drei an. Wir haben maximal noch zwei Stunden, bis uns die Dunkelheit einholt, und das bedeutet eine zweite Nacht irgendwo hier in der Wildnis. Es ist doch zum Verzweifeln! Hemmungslos lasse ich jetzt meinen Tränen ihren Lauf.

»Wir haben nichts mehr zu essen und zu trinken, es wird gleich saukalt, und wir werden erfrieren. Diese blöden Viecher wissen ja offenbar nicht mal, wie es wieder nach Hause zurückgeht, und was passiert mit uns, wenn es hier Bären gibt oder irgendwelche gefährlichen Krabbeltiere, Skorpione oder Spinnen?«, heule ich schluchzend in seinen Armen.

Mein Ritter breitet seine Arme um mich, und ich überlasse mich völlig meinen Emotionen. All meine Ängste und meine Frustration brechen aus mir heraus. Keine Ahnung, wie lange ich mich so gehenlasse, aber es zeigt seine Wirkung. Alle drei, Esel wie Mensch, sind milde gestimmt. Fast möchte mich mein kleiner Esel mit seinen Nüstern abbusseln. Er hat sein Mäulchen ganz eng an meinen Hals gedrückt, und ich spüre den feuchten Atem. Das lässt mich innehalten, und mein Weinen geht in Lachen über. Ein bisschen schäme ich mich, aber das habe ich gebraucht, jetzt geht es mir gleich besser.

»*Amore*, wir finden schon etwas, wo wir unterkriechen können. Es wird bald dunkel, und ich fürchte, so schnell kommt hier heute keiner mehr vorbei«, sagt mein starker Mann und hilft mir, wieder aufzusteigen. So zieht er mich und seinen Ferru mit sich weiter. Er erzählt mir von alten Häuschen, aus Stein gebaut, die früher den Bewohnern Schutz vor Hitze und Kälte geboten haben und die heutzutage als Unterschlupf für Tiere dienen oder um Stroh zu lagern. Genau in dieser Gegend stünden sie. Nuraghen hießen sie, und bestimmt würden wir bald so einen turmartigen Bau finden. Wenn es nun mal nicht anders ginge, sollten wir lieber mit so einem Unterschlupf vorliebnehmen, als Gefahr zu laufen, im Freien zu übernachten.

Das leuchtet mir ein, zumindest ein wenig, und so halten wir beide Ausschau nach einer geeigneten Übernachtungsmöglichkeit.

Über Stock und Stein
Bruno

Es geht weiter. Der Weg schlängelt sich an dem Saumpfad entlang, er ist in einem erschreckend schlechten Zustand, aber das ist nicht schlimm, wenigstens kommen wir voran. Wir begegnen ein paar Leuten, aber sosehr ich mich auch bemühe, ich kann nicht verstehen, wie man an einem so einsamen Ort leben kann. Sie lächeln uns an und sind sehr freundlich.

Wir reiten jetzt auf einer wunderschönen Felsenkette, es geht bergauf und bergab über grüne Wiesen und zwischen weißen Felsen hindurch, stoßen sogar auf eine Gruppe von grasenden Pferden. Ein Schimmel steht etwas abseits, und durch eine prächtige dicke Wolke über seinem Rücken haben wir den Eindruck, als hätten wir eines von diesen sagenhaften geflügelten Pferden entdeckt, eine Art Pegasus, der sich gleich in den türkisfarbenen Himmel über uns aufschwingen wird! Was für ein Bild! Jutta und ich küssen uns. Es ist unser erster Kuss auf Sardinien!

Nach einer Weile erreichen wir einen kleinen Berg und landen endlich vor dem von Anna erwähnten Gatter, das kaputt auf dem Boden liegt. Die Esel steigen darüber. Jetzt geht es noch ein paar enge Kurven nach oben, und als wir ein leicht rostiges Schild mit der Aufschrift *Cumpari Santinu* sehen, wissen wir nicht mehr weiter. Anna hat uns gesagt, dass wir auf dem alten unbefestigten Weg bleiben sollen, aber die Straßen vor uns sind beide asphaltiert. Wie kann das sein? Weder ich noch Jutta erinnern uns genau daran, ob die alte Straße die rechte oder die linke war.

Instinktiv meint Jutta, wir sollten uns erst mal weiter rechts halten, aber mir kommt der Asphalt dort neuer vor, daher plädiere ich dafür, dass wir uns nach links wenden. Wenn es danach ginge – so sie darauf –, glänze die Leitplanke links aber deutlich mehr. Mist! Ich blicke mich noch einmal sorgfältig um, aber von einer alten unbefestigten Straße ist wirklich nichts zu sehen. Umkehren kommt nicht in Frage. Claudios Bruder erwartet uns gegen Nachmittag. Ich dränge darauf, dass wir die Straße in linker Richtung nehmen, die uns zu einem Fluss führt, den wir in einigen Hundert Metern Entfernung erblicken. Jutta lässt sich überzeugen.

Unsere beiden Esel trotten wacker vor sich hin, dass es eine wahre Pracht ist, selbst die kleine Fil'e muckt nicht auf.

Eine Weile später entdecken wir am Fluss eine Gruppe von Frauen, die ihre Wäsche schrubben. Sie beobachten uns amüsiert von ihrer Waschstelle aus und tauschen belustigte Kommentare. Wasserspritzer, Gelächter, Späße: Sie erinnern mich an meine Großmutter, wenn sie ihren Waschtag hatte. Wie aufregend ich es fand, die Hände und die Wäsche in das klare, eiskalte Wasser zu tauchen, sie einzuseifen, zu scheuern und auszuspülen. Obwohl das so lange her ist, scheint die Zeit stehengeblieben zu sein.

»Entschuldigung, Signorina, können Sie mir sagen, ob es hier einen Ort in der Nähe gibt? Ich glaube, er beginnt mit U?«

»Mit U?«, sagt eine der Wäscherinnen bass erstaunt. Sie scheinen sich ebenso wenig auszukennen wie ich. »Wenn Sie umkehren, gibt es einen Agriturismo, von dem aus ein Weg nach Monastir führt. Meinen Sie vielleicht diesen Ort? Monastir?«

Ich schüttele unsicher den Kopf. Nein, Monastir war es nicht … Unsere Wäscherinnen knien nun alle und beugen sich über die Wasseroberfläche, auf der sich das Sonnenlicht spiegelt. Tatsächlich ist mein Esel noch ziemlich durstig und braucht jetzt noch mal ordentlich Wasser. Auf einer Dornenhecke hängen gewaschene Bettlaken zum Trocknen, davor steht ein großer Weidenkorb mit zusammengelegter Bettwäsche. Während Ferru seinen Durst stillt, erzählt mir eine der jungen Frauen, dass sie zwar alle eine Waschmaschine zu Hause haben, aber trotzdem lieber mit den gefüllten Körben und Schubkarren hier zum Fluss kommen, weil dies immer noch ihr Lieblingsplatz ist, wo sie sich treffen und beim Scheuern und Spülen wunderbar plaudern können. Meine Großmutter in den Abruzzen benutzte damals Asche zum Waschen, Seife war zu teuer, oder man wollte nicht zu viel davon verbrauchen. Und ich spreche hier nicht von einer Zeit vor dreihundert Jahren, das war um neunzehnhundertsechzig! Ich lebte mit meinen Eltern in der Stadt, aber wenn zu Hause niemand auf mich aufpassen konnte, brachten sie mich zu Oma und Opa in die Berge.

Ich bedanke mich bei den Wäscherinnen und wünsche ihnen einen guten Tag. Wie ich jetzt mein Moleskine-Notizbuch vermisse, das sich in meinem Koffer befindet. Ich hätte mir den Weg auf ein Stück Papier zeichnen sollen, dann wüssten wir jetzt, wohin wir gehen sollten!

Nachdem Jutta von einer Pinkelpause zu mir und den Eseln zurückgekehrt ist, brechen wir wieder auf. Nach etwa einem Kilometer über Stock und Stein erblicke ich in einiger Entfernung einen Mann auf einem Moped. Ich halte ihn an und erkundige mich nach den Orten in der Nähe, aber was er sagt, klingt für mich wie Chinesisch ... Erst nach einer Weile kann ich seinem holprigen Italienisch folgen und entnehme ihm, dass wir – ojemine! – völlig falsch gegangen sind. Das einzige Dorf in der Gegend, Ussana, liege weiter in östlicher Richtung, sagt er und weist mit seiner Hand in die komplett entgegengesetzte Richtung, zurück zum Gatter!

Rette sich, wer kann – Juttas Zorn entlädt sich erneut in einem wütenden Donnerwetter. Die beiden Esel schauen sich an und scheinen zu denken: Es gibt nur zwei Möglichkeiten: nachgeben oder verrückt werden.

»Warum beginnt eigentlich jede Reise von uns mit einem Wunschtraum von dir, und dann enden wir doch immer bei dem Haken an der Sache? Kannst du mir mal sagen, wo wir hier jetzt gelandet sind?«, grantelt Jutta.

»Jutta, es hilft nichts. Wir hätten bei dem Gatter nach rechts gehen sollen ...«

Also kehren wir bergauf zurück zum kaputten Gatter, brauchen allein dafür eine Stunde, und folgen dann der Straße nach rechts, die uns in östliche Richtung – und hoffentlich endlich zu Claudios Bruder – führt.

Der Weg bietet ständig neue Ausblicke, Ebenen, Hügel und archäologische Stätten. Wir bleiben stehen und bewundern die Schönheit der Ausgrabungen und die Ruinen einer mittelalterlichen Burg. Dazwischen ein Stau aus Mufflons und wilden Ziegen. Wir reiten langsam weiter und begegnen plötzlich Wildschweinen, die seelenruhig mit der Schnauze im Boden wühlen. Zum letzten Mal habe ich eins in einem Restaurant im Schwarzwald gesehen, aber das war ausgestopft und hing mit geöffnetem Maul an der Wand. Und jetzt starre ich wieder auf Hauer, nur dass diese Tiere hier lebendig vor einem Steinaltar stehen!

»Pssst – genieß diesen Anblick«, zischt Jutta mir zu.

»Zum Henker damit ... Hör mal, ich weiß nicht, ob ein Wildschwein schon einmal zwei Maultiere mit einem Paar Esel darauf zerfleischt hat, aber ich habe bestimmt nicht vor, mich von einem Tierarzt auf Sardinien zusammenflicken zu lassen! Ferru und ich, wir drehen um!«

»Die armen Kerle sind hungrig, wir könnten ihnen ein bisschen von der Salami geben, die Anna uns mitgegeben hat.«

»*Sei matta?* – Spinnst du?«

Ich bemühe mich, ihr begreiflich zu machen, dass man Wildschweine besser nicht füttern sollte, nicht nur, weil ich mir vor Angst beinahe in die Hose mache, sondern auch, weil ich glaube, dass wir sie aus ihrem natürlichen Gleichgewicht bringen, wenn wir ihnen zu nahe kommen, und auch die Esel nervös werden könnten.

In Wirklichkeit wirken die beiden überhaupt nicht erschrocken, sie treiben uns sogar vorwärts. Bis sich ein fetter schwarzer Kerl mit seiner Kehrseite vor uns aufbaut ...

»Liebste, hör auf mich, lass uns besser umkehren. Denn es gibt nichts Schlimmeres, als einem Wildschwein Auge in Auge gegenüberzustehen ...«

»Psst. Sei still!!!«

Ich halte meine Angst für durchaus angebracht. Wenn es nach Jutta ginge, müsste ich mich jetzt hinstellen und einen dicken, hungrigen Riesenkeiler mit den Fingern füttern. Nein, vielen Dank.

Das Riesenschwein dreht sich um, es wird so drei bis

vier Zentner wiegen. Als es uns bemerkt, läuft es weg, und die anderen folgen ihm, unter ihnen ein kleines, das höchstens drei bis vier Monate alt ist.

Wir laufen inzwischen neben unseren Eseln her. Ab und zu bleiben die beiden stehen und nehmen Witterung auf, als könnten sie die Anwesenheit anderer Wildschweine riechen. Jetzt bewegen wir uns durch dichtes Unterholz. Auf einmal kommen uns Zweifel, ob wir wieder irgendwo falsch abgebogen sind, obwohl wir uns nie vom Hauptweg entfernt haben. Wir sind seit über zwei Stunden niemandem mehr begegnet, nach dem Weg fragen können wir also nicht. Wobei mich eines wirklich fasziniert: Jedes Mal, wenn wir um eine Auskunft gebeten haben, hat man uns mit Sprichwörtern und Redensarten geantwortet. Ich habe bemerkt, dass die Menschen auf Sardinien, die ausschließlich ihre Sprache, ihren Dialekt kennen, oft auf Redensarten und Sprichwörter zurückgreifen, wenn sie mit einem »Fremden« sprechen. Vielleicht glauben sie ja, dass sie so leichter verständlich sind. Jeder weiß ja, dass sich Sitten und Gebräuche eines Volkes in seinen Sprichwörtern niederschlagen. Es mag an ihrem gefälligen Klang, den Reimen oder der prägnanten Kürze liegen, auf jeden Fall haben sich mir einige von ihnen eingeprägt. Gestern Abend zum Beispiel, als Claudio und ich uns betrunken haben, bevor er mir den Handel mit den Eseln vorgeschlagen hat, habe ich so viele Redensarten vorgesetzt bekommen, dass ich allein darüber ein ganzes Buch schreiben könnte. Sarden sind ironische, scharfzüngige Menschen, ihre Direktheit kann manchmal ätzend und leicht grausam sein. Claudio zum Beispiel sagt einem die Wahrheit klar und hart ins Gesicht, aber er filtert sie immer durch seine kluge Ironie. Schon vormittags auf dem Flughafen, als er mich so allein und verzweifelt unter all den Leuten stehen sah, hat er als Erstes zu mir gesagt: »*A paracqua apertha e culu triccia triccia*«, womit er mir zu verstehen geben wollte: »Du bist so durcheinander, dass du selbst mit einem Regenschirm in der Hand nass würdest.«

Jutta ist fort. Griesgrämig hat sie die beiden Esel stehenlassen und mir gesagt, sie wolle mich jetzt mal die nächsten zehn Minuten nicht sehen. Ich verstehe sie. Bei diesem Urlaub ist so ziemlich alles schiefgegangen, was schiefgehen konnte …

Da fällt mir der kleine Zettel ein, den Anna mir von Claudio vor unserer Abreise gegeben hat. Ich hole ihn aus der Tasche. Doch es handelt sich nicht etwa um eine wortreiche Entschuldigung, weil er sich nicht von uns verabschiedet hat, sondern es ist mehr.

»Lieber Bruno,
this is my way. Bevor ich Ziegenhirt geworden bin, habe ich als Schuhputzer gearbeitet und an der Haustür Mittel gegen Durchfall verkauft. Wenn ich weiter Hirte bleiben will, muss ich heute zum Flughafen zurück, um dort meiner Stimme Gehör zu verschaffen. Nehmt mir das nicht übel. Grüß die schöne Jutta von mir, und wenn du in romantischer Stimmung bist, widme ihr diese Serenade, die einer unserer Dichter für seine Frau geschrieben hat und für alle Frauen auf dieser Welt.
Es hat mich sehr gefreut, dass wir uns kennengelernt haben. Viel Glück mit Fil'e und Ferru. Und bitte:
Confida in totus et fidadi de pagus – was so viel heißt wie ›Vertraue auf alles, aber traue nur wenigen‹.«

Ich bin gerührt. Der Zettel fällt mir runter, und ich hebe ihn auf. Lese ihn noch einmal. Viele Sätze und Satzteile sind durchgestrichen, vielleicht alles Versuche, die richtigen Worte in einem annehmbaren Italienisch zu finden. Claudio muss vorher schon einige Entwürfe verfasst haben. Es sind nur ein paar Zeilen, aber sie treffen mich genau ins Herz und wecken in mir ein Gefühl ungeheuren Respekts und grenzenloser Dankbarkeit diesem Mann gegenüber. Hin- und hergerissen zwischen Rührung und Bestürzung wird mir auf einmal klar, dass da überhaupt nichts schiefgegangen ist; auf dieser Reise habe ich höchstens noch etwas gelernt. Ich stehe mutterseelenallein mitten in einem verlassenen Tal, und doch fühle ich mich nicht einsam.

Eine Eidechse huscht gerade aus einem Busch, Dutzende weiße Wölkchen jagen sich am Himmel, zwei Ziegen sehen mich mit lebhaften Augen an, und Jutta kommt in diesem Moment zurück. Wie könnte ich mich da einsam fühlen? Vor zwei Tagen stand ich in Rom im Stau zwischen Autos eingeklemmt, dort war ich wirklich einsam.

Vor uns liegt ein kleiner Hügel, auf dessen Gipfel ich die Überreste eines blendend weißen Nuraghe entdecke. Er wurde ganz aus Kalkstein errichtet. Obwohl ich schon eine ungefähre Vorstellung habe, was uns erwartet, gefällt mir der Gedanke, dass ich nicht weiß, welchem Schicksal wir entgegengehen und was wir am Ende dieser Reise mitnehmen.

Ich wende mich an Jutta, sie sieht mich mit vor Müdigkeit glänzenden Augen an.

»*Tesoro*, erinnerst du dich noch daran, dass du mir gesagt hast, wie sehr du Luxusherbergen hasst und wie gern du einmal eine romantische Nacht unter freiem Himmel verbringen möchtest?«

»Wann soll das gewesen sein?«

»Und hatte ich dir nicht versprochen, dass wir in Sardinien die Sterne betrachten würden?«

»Worauf willst du hinaus?«

»Auf gar nichts, denn wir sind schon da. Dieser Nuraghe hat nur auf uns gewartet ...«

Die kleine Steinhöhle ist leer, aber deshalb wirkt sie nicht verlassen auf mich, nein, sie vermittelt mir ein Gefühl angenehmer Einsamkeit. Der erste Stern am Abendhimmel zwinkert uns zu. Das muss die Venus sein, die nun ihren grandiosen Auftritt hat. Jutta lehnt sich zu mir herüber, wir sind beide völlig erschöpft.

Non poto reposare, amore e coru
pensende a tie soe donzi momentu.
Non istes in tristura prenda e oru
né in dispiacere o pessamentu.
T'assicuro ch'a tie solu bramo.
Ca t'amo forte t'amo, t'amo, t'amo.
Amore meu prenda da estimare,
s'affettu meu a tie solu est dau.
S'are iuttu sas alas a bolare,
milli bortas a s'ora ippo bolau,
pro benner nessi pro ti saludare ...

Ich finde keine Ruhe, liebes Herz,
und denke jeden Augenblick an dich.
Sei doch nicht traurig, meine Liebste,
und nicht enttäuscht oder sorgenvoll.
Ich schwöre dir, dass ich nur dich liebe.
Denn ich liebe dich innig, ich liebe, liebe, liebe dich.
Meine einzige Liebe, werteste Freude, die ich so achte,
all meine Gefühle sind nur für dich bestimmt.
Besäße ich Flügel und könnte ich fliegen,

schon tausendmal wär ich zu dir geflogen,
wär gekommen, um dich zumindest zu grüßen,
oder auch nur, um dich zu sehen ...

Dieses 1926 entstandene Stück stammt von Salvatore Sini, einem Dichter und Anwalt, der in der ersten Hälfte des zwanzigsten Jahrhunderts gelebt hat, und es ist vielleicht das bekannteste sardische Liebeslied.

Sternengeflüster
Jutta

Unser Nuraghe steht mitten in einem großen Olivenhain, dessen Bäume voller reifer Früchte hängen. Zu meinem Entsetzen hat er allerdings kein Dach mehr. Nur ein ganz kleiner Rest wölbt sich kuppelartig über einen Teil des Gemäuers, das sicher aus einem anderen Jahrhundert stammt. Eine Menge Heu ist darin gelagert und strömt einen wunderbaren würzigen Duft aus. Im letzten Tageslicht bereiten wir uns daraus ein Schlaflager. Unsere Eselchen binden wir an einen Baum. Zur Belohnung lege ich ihnen einen ordentlichen Heuhaufen vor die Füße, und ich hoffe, sie verzeihen mir, dass es für sie kein Wasser gibt, aber das bisschen, was wir noch haben, ist so gut wie unsere einzige Wegzehrung.

Die ersten Sterne leuchten am Firmament, und uns steht eine lange Nacht bevor. Eigentlich fühle ich mich total erschöpft, aber sicherlich werde ich kein Auge zutun. Verstohlen gähne ich und krame in meiner Handtasche nach den wenigen Resten unserer Brotzeit und der Wasserflasche. Meine Lippen sind ganz ausgetrocknet, und ich angle in der kleinen Seitentasche nach einem fetten Lippenstift. Meine Finger berühren etwas Rundes, was sich anfühlt, als wäre es in knisterndes Papier eingewickelt. Es wird doch nicht etwa ein einsames Bonbon sein? Tatsächlich finde ich noch zwei weitere vergessene Lieblingsbonbons in meiner erbärmlich schmutzigen Handtasche. Karamellbonbons, Inbegriff aller göttlichen Bonbons. Vor einiger Zeit, also mindestens vor Monaten, als ich das letzte Mal diese Tasche bei mir hatte, muss ich wohl für schlechte Zeiten diese drei wunderbaren Zuckerl gebunkert haben, nicht ahnend, dass sie uns einmal eine kalte Nacht versüßen würden. Soll ich Bruno nun davon erzählen oder dieses Geheimnis für mich behalten, um sie uns in einem eventuell verzweifelten Moment dieser Nacht als Trostpflaster in den Mund zu stecken? Ich entscheide mich für Letzteres, erfüllt mit Dank für diese Gabe. Mit welcher Kleinigkeit man mich heute glücklich machen kann!

Richten die Ansprüche des Menschen sich nicht wirklich nach seinem Bedürfnis, sondern nach seinen Wünschen?

Mein Wunsch wäre, zufrieden und satt auf einem gemütlichen Sofa in sauberer warmer Kleidung herumzulümmeln, eventuell ein gepflegtes Bier in der Hand zu halten und ein gutes Buch zu lesen. Hier habe ich das alles nicht, dafür beobachte ich, wie sich über mir eine Decke voller strahlender, unterschiedlich großer Sterne ausbreitet. Formationen, die von gelehrten Astronomen Namen bekamen, von denen mir nur einige landläufige bekannt sind. Jetzt hätte ich Zeit, sie alle zu suchen und zu benennen, aber ich habe mich bisher nie damit beschäftigt, so bleibt mir nichts anderes übrig, als mich zurückzulehnen und sie zu beobachten.

Der Himmel ist von diesem einzigartigen dunklen Kobaltblau, das nur wenige Minuten anhält, bevor es in das nächtliche Tiefschwarz übergeht. Beim Film nennen wir es die *Blue Hour*. In diesen Minuten ist es möglich, mit bestimmten Scheinwerfern noch einmal sonniges Tageslicht zu zaubern. Wenn man einen besonderen Effekt erzielen will, wartet man auf dieses Licht. Alles wird vorbereitet, man probt und ist *ready for shooting*, denn es bleiben maximal 15–20 Minuten, um die Szene »in den Kasten zu bekommen«, wie wir sagen. Aufregend ist das jedes Mal, denn alle sind bemüht, keine Fehler zu machen, die den Erfolg vereiteln würden.

Es ist so still in diesem Moment. Man nimmt einzelne Laute wahr, und ich erkenne jeden. Mein Ohr wird nicht durch das übliche Gemisch Hunderter verschiedener Geräusche verwirrt. Ich höre das genüssliche Kauen unserer beiden Maultiere, wie sie ihre Nüstern ins Heu stecken, entscheiden, welche getrockneten Kräuter sie zuerst fressen. Ich kann auch hören, wie glücklich und zufrieden sie sind, der Platz scheint ihnen zu behagen und offenbar auch unsere Gegenwart. Ich höre auch ein Knistern und Knacken, als ob Äste brechen, Schritte, leise und geheimnisvoll langsam. Hin und wieder vernehme ich ein Räuspern, dann ein leises Schnaufen. Was das wohl sein mag? Wind kommt auf, sanft streicht er durch die Äste, lauwarm mit aufsteigender Feuchtigkeit. Flügelschlagen, Vögel, die sich ein Plätzchen für die Nacht suchen und sich ganz in unserer Nähe niederlassen. In mir breitet sich Frieden aus, wohlig angstfrei. Die Gedanken an lauernde Gefahren haben sich verflüchtigt, ich bin eins mit der Natur.

»Hast du Streichhölzer, Jutta?« Bruno reißt mich aus meinen Gedanken. Es ist durchaus möglich, da ich Zündholzbriefchen sammle. Aus einem hübschen Restaurant oder Hotel nehme ich mir meistens eins als Souvenir mit. Ich kippe den Inhalt der Tasche in meinen Schoß. Meine zerbrochene Sonnenbrille lässt mich kurz zusammenzucken, aber was soll's – zu Hause habe ich mindestens noch drei weitere. Und tatsächlich erspüre ich ein kleines schmales Briefchen in meiner Hand.

Bruno hat Steine und Holz gesammelt und vor unserem Lager eine Feuerstelle errichtet. Mandeln hat er auch gefunden und mir ein kleines Häufchen zu Füßen gelegt. Ich gebe ihm die Papiertüte, lege zu den Mandeln das kleine übriggebliebene Stück Brot, die winzigen Zipfel Salami und Käse und als Krönung die drei Karamellbonbons. Herz, was begehrst du mehr?

Wenig später flackert unser Lagerfeuer.

»Bruno, komm, wir wollen uns ganz eng aneinanderkuscheln, und decke mich zu«, flüstere ich meinem geliebten Mann ins Ohr. Ich spüre, wie er etwas über uns breitet und mich mit seinen warmen Armen umfängt. Während ich müde in die Glut unseres ausgehenden Feuers blinzele, bin ich trotz aller Strapazen dankbar für diesen Tag.

3. TAG – SAMSTAG

Im Olivenhain
Jutta

Wie wunderbar tief man schlafen kann, wenn Frieden herrscht und man in Liebe umschlungen ist! Ich habe die Nacht ohne Gespenster verbracht, nur mit harmlosen Träumen. Der Wind hatte sich völlig gelegt, und in die Gemäuer des Nuraghe drang die unangenehme Feuchtigkeit kaum ein. Vielleicht lag es auch daran, dass unser Bett aus Heu wirklich kuschelig war.

Unser Schlafplatz liegt tief versteckt in einem Olivenhain, und nur Bruno ist es zu verdanken, dass wir dieses Plätzchen gefunden haben. Mir wäre die Ansammlung von Steinen sicher gar nicht aufgefallen, so eingebettet zwischen all den Bäumen.

Deshalb bin ich auch erstaunt, ein Motorengeräusch zu hören, dem ein mehrstimmiges Gemurmel folgt. Für eine Gruppe Touristen, die eine Wanderung macht, ist es viel zu früh. Die Sonne ist doch gerade erst aufgegangen, und doch scheint ganz in unserer Nähe geschäftiges Treiben zu herrschen. Um meine Neugierde zu befriedigen, muss ich mich vorsichtig aus Brunos Armen schälen, da er noch tief schläft und ich ihn ungern wecken will. Diesmal wartet ja niemand auf uns, und wir können selbst bestimmen, wann wir unseren Weg fortsetzen wollen. Vorsichtig befreie ich mich aus seiner Umarmung und krabbele nach draußen. Unsere Eselchen stehen noch brav, einen Hinterlauf angewinkelt, in ihrer

Schlafhaltung da. Ein Wunder, hatte ich doch insgeheim befürchtet, dass sie sich aus dem Staub machen würden. Das Heu haben sie aufgefressen, also nehme ich ein neues Bündel mit und lege es zwischen die beiden. Sofort wachen sie auf, schürzen die Lippen und stoßen lange »Iiiiiiiaaaaas« aus. Ich nehme mal an, vor Begeisterung. Ich streichle sie, und sie tänzeln, soweit es die Stricke erlauben, hin und her. Alles findet nicht gerade leise statt, so dass auch Bruno verschlafen hervorkriecht. In seinen Haaren hängt Heu.

Der Lärm, den wir allesamt veranstaltet haben, lockt eine Gruppe schwarzhäutiger Menschen an. Sicherlich zwanzig Männer und Frauen sind zu sehen. Einige halten lange Holzstangen in der Hand, andere große Netze. Neugierig lugen sie zu uns herüber.

Etwas verlegen rufe ich ihnen ein zaghaftes »*Buon giorno*« entgegen.

Sie erwidern unseren Gruß und drehen sich von uns weg, als wäre es das Selbstverständlichste, zwei reichlich desolat aussehende Europäer in Begleitung zweier Mulis in einer Nuraghe-Ruine inmitten eines völlig unbesiedelten Agrarlandes vorzufinden.

Ich schaue ihnen zu, wie sie mit eleganten Bewegungen ihre Netze rund um die Olivenbäume auslegen. Erst entwirren sie sie, zupfen kleine Äste und Blätter heraus, dann schwingen sie sie weit ausladend in die Höhe, wo sich die letzten Knäuel lösen, um sie dann sanft auf den Boden gleiten zu lassen. Eine gelassene Heiterkeit geht von ihnen aus. Sie kommen von weit her und haben ihre Heimat verlassen. Dies wäre Anlass genug, um traurig und resigniert zu sein, aber sie scheinen sich in ihr Schicksal gefügt zu haben und glücklich zu sein, in ihrer Gemeinschaft ein Auskommen gefunden zu haben.

Sie schwätzen und lachen, zu Beginn eines sicherlich anstrengenden Tages, an dem sie stumpfsinnige Arbeit erwartet.

Vielleicht empfinde auch nur ich Olivenpflücken als eintönig. Möglicherweise lassen sich dabei Pläne für die Zukunft schmieden oder Probleme lösen, gerade wegen der Monotonie der Bewegungen. Was weiß ich schon davon? Die Frauen tragen ihre traditionelle Kleidung, sie haben bunte Tücher in leuchtenden Farben um Kopf und Körper geschlungen. Auf dem Boden sind noch mehr Tücher ausgebreitet.

Körbe stehen bereit, die kleinen runden Früchte aufzunehmen, einige jedoch scheinen bereits mit Essbarem gefüllt zu sein. Sie werden ausgepackt, und eine der Frauen beginnt eine Weise zu singen, in die die anderen einfallen. Ich schließe die Augen und lasse die Wellen dieser Musik wie ein Morgengebet über mich kommen. Sie lullen mich ein, wiegen mich in ihrem Singsang, Wärme breitet sich in mir aus, und augenblicklich summe ich leise mit. Aus welchem Land die Menschen wohl kommen?

Verstohlen blicken sie zu uns herüber. Ich winke ihnen zu, einige lächeln mich an. So trete ich etwas näher, schaue mich nach Bruno um, ob er mir folgt. Er jedoch konzentriert sich eher auf die Männer, geht ihnen entgegen und beginnt mit ihnen ein Gespräch. Nun bin ich nah genug bei den Frauen, um sie genauer betrachten zu können und um ihnen zu signalisieren, dass unsere Anwesenheit keinerlei Gefahr bedeutet. Die Sorge erübrigt sich sowieso angesichts unseres Aussehens. Geradezu lächerlich komme ich mir vor, ungewaschen und zerknittert. Ich geniere mich gründlich und bleibe auf Abstand, aber die freundlichen Mienen deuten eine Einladung an, näher zu kommen. Das kann ich kaum abschlagen, verspricht die Einladung doch Gutes. Große Thermoskannen stehen da, daneben Becher, Holzbretter mit duftendem Stangenbrot, Käse, Speck und Schinken, Eiern, Tomaten und getrocknetem Fisch. Man reicht mir ein Stück Brot, und all mein Widerstand löst sich auf, der Hunger siegt. Auch die Aussicht, in dieser freundlichen und geselligen Runde den Tag zu beginnen, der für uns so ungewiss ist, verlockt über alle Maßen. Sie lachen und schwatzen untereinander französisch mit lustigem Zungenschlag. Als sie merken, dass ich sie nicht so recht verstehe, da auch diese Sprache von einem Dialekt gefärbt ist und sie zudem sehr schnell sprechen, fallen sie in ein Gemisch aus Englisch mit italienischen Wörtern, welches mir nur zu gut bekannt ist, spreche ich doch mit Bruno seit Jahren »Dinglisch«.

Sie kommen von der Elfenbeinküste und sind Saisonarbeiter, die aber hauptsächlich für einen vornehmen Herrn arbeiten. Er hat sie am Morgen mit seinem großen Wagen gebracht und holt sie vor Sonnenuntergang wieder mit den Oliven ab.

Er lebt auf einem riesigen Gut mit Gesindehäusern, in denen sie wohnen; sogar fließendes Wasser gibt es dort, und die Bezahlung ist in Ordnung. Wenn es nichts zu pflücken gibt, verrichten sie andere Arbeiten. Die Männer auf den Feldern in der Umgebung und auch an Gebäuden, und die Frauen waschen Wäsche und putzen Gemüse für die Märkte. Es gäbe immer was zu tun, und auch mal faul sein wäre nicht schlecht, geben sie kichernd zu. Zwei Frauen deuten auf ihre schwangeren Bäuche und kriegen sich gar nicht mehr ein vor Lachen.

Keine fragt sich anscheinend, warum ich so heruntergekommen aussehe, und sofort fühle ich mich etwas weniger schmuddelig.

Bruno kommt nun auch mit einigen Männern zu uns an den reichgedeckten Gabentisch und blickt begierig darauf.

Wir setzen uns alle auf den Boden und begrüßen uns herzlich. Zigmal muss ich unter dem Kichern der Damen meinen Namen wiederholen, da er offenbar für sie äußerst exotisch klingt. Sie wiederholen ihn immer wieder mit verschiedener Klangfärbung.

»Uuda, Uddda, Hudda.« Warum nur haben mich meine Eltern nicht einfach Maria getauft, das kennt jeder.

Doch nun geht es an die Arbeit. Tausende Oliven warten darauf, heute geerntet zu werden. Bruno hatte mich nach dem Frühstück zur Seite genommen und mir seinen Plan erläutert. Gestern haben wir uns hoffnungslos verfranst. Die Aussicht, gemeinsam mit unseren Eseln noch auf den richtigen Pfad zu kommen, den hier keiner kennt, da sie alle ortsunkundig sind und wir auch den Namen des kleinen Dörfchens nicht kennen, ist zweifelhaft. So haben wir abgewägt und uns entschlossen, auf den Gutshofbesitzer zu warten. Ich hoffe, er kennt Claudio und Anna und wir können die Esel bei ihm lassen. Maurizio könnte uns dann dort abholen, und unsere Odyssee hätte ein Ende.

Und so kommt es, dass ich unverhofft zur Olivensortiererin aufsteige. Ganz schwierig wird es, wenn du glaubst, du hast eine reife Olive in den Händen, dabei ist es nur eine unreife grüne. Das geht ja gar nicht! Vermischt werden darf hier nichts, alles muss streng getrennt werden, und zwar nach Geschmack und Größe. Bestimmt wird beim Sortieren bereits berücksichtigt, in welcher Salzlauge die kleine Olive eingelegt wird. Na großartig, für mein Temperament genau die richtige Arbeit!

Aber die Stimmung unter diesen freundlichen Pflückern ist derart gut, dass ich mit Vergnügen dabei bin, zumal das Frühstück vom Feinsten war. Der Kaffee hat meine Lebensgeister geweckt, und dieses frische Brot mit Olivenöl und Schinken ist einfach zum Niederknien.

Neben mir, auf einem vom vielen Waschen ausgebleichten afrikanischen Tuch, sitzen vier Frauen, deren Gesichter nicht unterschiedlicher sein könnten. Offensichtlich stammen sie aus verschiedenen Regionen. Die eine hat ein eher hageres nordafrikanisches Gesicht, die andere dagegen ein rundes, weiches, sehr schwarzes. Die dritte Frau hat arabische Züge und ist die stillste von allen, während die vierte kichernd auf ihren Knien herumrutscht, um eine bequeme Sitzhaltung neben dem Berg von Oliven zu finden. So ein langer Lulatsch, denke ich mir. Ich frage sie, woher sie kommt. Aus dem Senegal, sagt sie, und da drüben sei ihr Mann. Stolz zeigt sie in Richtung einer Gruppe von Männern.

»Und du, woher stammst du?«, frage ich die Stille.

»Aus Mali«, sagt sie leise. Zu gerne würde ich jetzt weiterfragen, mich nach ihren Schicksalen erkundigen. Wie kommen diese Menschen hierher, und was erhoffen sie sich von einer italienischen Insel? Sind sie illegal hier und werden als Arbeiter ausgebeutet, oder wurden sie bereits legal in Italien aufgenommen und können über ihr Geld verfügen? Sparen sie Geld, um als reiche Menschen in ihre Heimat zurückzukehren, oder wollen sie sich hier eine Existenz aufbauen? Tausend Fragen hätte ich in meiner Neugier, aber auch ich bin schüchtern. So stelle ich mich erst einmal vor und erzähle von meinen beiden Töchtern und was ich so mache, als Hausfrau, von meinem Hund und natürlich von Bruno, den sie neugierig mustern. Ich erzähle, was uns die letzten beiden Tage passiert ist. Die Stimmung wird immer besser auf unserer kleinen Tuchinsel, und die vier lachen und lachen. Na ja, so komisch finde ich unsere Geschichte nun auch nicht, und ich hege den Verdacht, dass sie entweder sehr höflich sind oder mich eigentlich gar nicht verstehen. Ganz selbstverständlich bin ich davon ausgegangen, dass sie alle Englisch sprechen, aber wer weiß?

Die Stille ist sichtlich aufgeschlossener geworden, denn sie fängt an, mir etwas auf Französisch zu erzählen. Ich frage sie, ob sie auch ein bisschen Italienisch spricht, denn in Französisch bin ich so begabt wie in Italienisch, äußerst bescheiden, aber im Mischmasch geht es vielleicht.

»Mein Name ist Verenice«, sagt sie in entzückendem Singsang, »und ich lebe hier mit meiner vierjährigen Tochter, die auf Sizilien geboren wurde. Seit zwei Jahren darf ich auf dem Hof von Marchese de Valdes leben und für ihn arbeiten.« Sie habe endlich die Aufenthaltsgenehmigung bekommen, da ihr Kind in Italien geboren sei. Einen Mann habe sie nicht, vor ihm und seiner schrecklichen Familie sei sie geflohen, gerade noch rechtzeitig, bevor ihre Schwangerschaft sichtbar geworden sei. Sie sei zu dieser Ehe gezwungen worden, der Vater habe dafür eine Kuh und zwei Schafe bekommen. Sie sei immer noch sehr traurig darüber.

»Ich bin in Mali geboren.« Sie sieht mich mit ihren dunklen mandelförmigen Augen intensiv an. »Genau im Dreieck zwischen Algerien und Mauretanien. Ich stamme aus einer Bauernfamilie und habe sieben Geschwister. Mein ältester Bruder ist sehr klug, er ist auf eine höhere Schule gegangen und hat studiert. Er ist

Zahnarzt, und alle aus dem Dorf gehen zu ihm hin. Ihn liebe ich besonders, er hat mich immer beschützt, und auch als ich verheiratet wurde, hat er gesehen, dass es mir nicht gutgeht. Er hat mir geholfen zu fliehen, hat ein Auto organisiert, in dem ich mich verstecken konnte. Hat mir Geld gegeben, damit ich auf der Flucht nicht verhungere, und die Adresse eines österreichischen Touristen, dem er vor Jahren geholfen hat. Aber so weit bin ich nicht gekommen. Ich weiß auch nicht, wo Österreich liegt, und hier geht's mir gut.«

Nun will ich es aber doch genauer wissen, so bitte ich Verenice, mir von ihrer Flucht zu erzählen. Meine Bewunderung für diese mutige und tapfere Frau wächst ins Unermessliche.

»Das Auto hat mich an die Grenze zu Algerien gebracht. Hohe Berge gibt es dort, und man hat mir gesagt, ich muss aufpassen, dass mich keine Soldaten finden, denn sie würden mich sofort erschießen. Dann habe ich noch einen Beutel mit Essen bekommen und eine Flasche Wasser. Ich hatte solche Angst, dass ich nur nachts gelaufen bin. Am Tag habe ich mich versteckt und mir die Richtung eingeprägt, aber ich habe nie gewusst, wohin ich gehe. Gegessen habe ich alles, was ich finden konnte, Käfer, Würmer, Kräuter, und wo immer ich Wasser fand, habe ich so viel getrunken, wie mein Körper aufnehmen konnte. Irgendwann kam ich in ein Dorf, dort habe ich mich versteckt und alles beobachtet. Es gab einen Laden dort, und der wurde beliefert. Man sprach Französisch, und so konnte ich den Fahrer belauschen, als er sich mit jemandem unterhielt. Sie haben über Marokko und die guten Tomaten und Früchte gesprochen und dass er jemanden kenne, mit dem er tauschen würde. In den nächsten Tagen würde er von hier Holz mitnehmen und bekäme dann im Gegenzug frische Lebensmittel, die er dann hierherbringen würde. Ich sah meine Chance und musste nur aufpassen, dass ich die Fuhre nicht verschlafe. Das Baby in mir machte mich immer so müde. Zwei Tage später habe ich mich dann im Laderaum versteckt, und wir fuhren los. Hinter dem Laden gab es Hühner, und alles, was nicht mehr so gut war, wurde hinter das Haus gekippt. Ich habe Kohl und Salat gefunden und auch altes Brot. Davon habe ich mich ernährt.

Meine Reise war unendlich lang. Immer wieder bin ich auf Lastwagen heimlich mitgefahren, denn ich habe große Angst gehabt, vergewaltigt zu werden, wenn sie mich entdecken würden, aber ich hatte Glück. Bei einem Lastwagen, mit dem ich über die Berge ans Meer fuhr, kam der Fahrer aus Deutschland. Er fand mich, als er irgendetwas an seiner Ladung in Ordnung bringen musste. Er hat mich bei sich weiterfahren lassen und mir zu essen und zu trinken gegeben. Wir sind in einer großen Stadt angekommen, heute weiß ich, dass es Tanger war. Dort musste ich ihn verlassen. Wir waren am Hafen, und ich wusste nicht weiter. Meine Verzweiflung und meine Sehnsucht, nach Hause zurückzukehren, waren so groß. Mein Bauch jedoch auch, und ich wusste, dass ich nicht mehr viel Zeit hatte. Zurück konnte ich nicht mehr, also musste ich nach Österreich kommen, und das ging nur über das Meer. Tagelang versuchte ich eine Möglichkeit zu finden, auf eines der großen Schiffe zu kommen, aber die wurden bewacht, und ich durfte nicht der Polizei in die Arme laufen. Auf dem riesigen Hafengelände arbeiteten viele Afrikaner, einer hatte mich bemerkt und sprach mich an. Zuerst hatte ich große Angst, aber er war nett und versprach, mir zu helfen. Er nahm mich mit in ein Lokal und gab mir eine warme Mahlzeit. Huhn mit

Gemüse und Couscous. In meinem ganzen Leben werde ich diesen göttlichen Geschmack nicht mehr vergessen!

Dieser Afrikaner hat mich einem anderen Mann vorgestellt. Er war aus Tunesien, und er kannte jemand, der ein Boot hatte. Er nahm alles Geld, was ich hatte, und brachte mich bei Nacht ein paar Tage später zu einem versteckt liegenden kleinen Schiff. Es waren bereits ganz viele Menschen darauf, und man konnte nur stehen, als wir auf das Meer hinausfuhren. Ich hatte wiederum Glück, weil ich in der Mitte stand und mich an der Kajüte festhalten konnte. Das Schiff hatte einen starken Motor, und wir kamen gut voran. Man sagte mir, wir würden bei Nacht in Italien ankommen, und da würde jemand auf uns warten, der uns weiterhilft. Die Fahrt sei nur kurz, denn das Meer war hier nur ein paar Kilometer breit. Nach ein paar Stunden jedoch ging unser Motor kaputt, oder wir hatten kein Benzin mehr. Das Meer trieb uns immer weiter vom Land weg, und es kam ein schrecklicher Wind auf. Allen war schlecht, und wir mussten uns übergeben. Das Boot schaukelte gefährlich hin und her, ich hatte Todesangst. Nach einiger Zeit fiel ein Mann von Bord, er konnte nicht schwimmen, und als andere versuchten, ihn rauszuziehen, hat er sie ins Meer mitgenommen. Es brach Panik aus, und alle schrien in der Dunkelheit durcheinander. Ich habe mich festgeklammert und gebetet. Unser Boot lief langsam voll Wasser, und ich dachte, das würde ich nicht überleben. Mein Kind würde niemals geboren werden, und ich könnte niemals frei sein! Dann ging alles ganz schnell. Lichter tauchten vor uns auf, und wir hörten laute Rufe. Fast hätten uns zwei Fischkutter überfahren. Sie hielten an und retteten uns vor dem Ertrinken. Sie nahmen uns an Bord und verständigten, wie ich später erfuhr, eine wohl in der Nähe liegende Insel mit dem Namen Lampedusa. Man wollte nicht, dass wir da hinkommen, und versuchte uns mit anderen Schiffen abzudrängen, aber der Kapitän hat es geschafft anzulegen. Ein Helikopter brachte mich und eine andere Schwangere nach Sizilien in ein Hospital. So wurde mein Kind in Palermo geboren, und wie durch ein Wunder haben wir beide überlebt.«

Die Schlichtheit, mit der mir Verenice ihre Geschichte erzählt, wirft mich um. Tränen laufen mir runter, und ich umarme sie. Wie viel schreckliche Details sie ausgelassen hat, um mich zu schonen, möchte ich mir gar nicht vorstellen.

Mittlerweile haben wir alle Oliven sortiert.

Die Männer entleeren wieder ihre Körbe auf die Tücher.

Bewundernd schaue ich zu meinem Bruno. Selten, oder eigentlich noch nie, habe ich ihn so richtig körperlich arbeiten sehen. Bruno ist der Mann, wie meine Mutter so schön sagt, der den Garten ansieht, während andere ihn bestellen. Auch wenn er mit mir mal kocht, isst er eigentlich nur, er behauptet, mir zu helfen, aber stibitzt nur mein Geschnippeltes. Selbst abspülen darf ich ganz alleine, da will er mich nicht stören. Aber hier! Ich bin erstaunt! Vielleicht merkt er gar nicht, dass er arbeitet, so angeregt ist das Gespräch unter den Männern. Worüber sie wohl reden? Ob sie ihm auch Fluchtgeschichten erzählen, oder sind es so typische Männergeschichten über alte Lieben, versoffene Nächte und ordentliche Schlägereien? Ich werde ihn später ausquetschen, nehme ich mir ganz fest vor. Heute Nacht werde ich ja gottlob endlich in meinem hoffentlich gemütlichen Hotelbett schlafen. Eine Gesichtsmaske werde ich mir auflegen, damit ich morgen bei der Hochzeit schön bin! Wenn bloss die Koffer angekommen sind, mein neues kobaltblaues Kleid wird gänzlich verknautscht sein! Aber es gibt bestimmt irgendwo ein Bügeleisen! Was mach ich mir über solche Kleinigkeiten Sorgen, nach den drei Tagen, die ich beinahe hinter mir habe?

So vergeht dieser Tag mit viel Lachen und Reden. Da wir fleissige Helfer sind, dürfen wir auch am Mittagstisch teilhaben. Es gibt Salat aus Hirse mit kleingeschnittenen Gemüsestückchen, das übriggebliebene Brot und den Käse. Man isst mit den Fingern, Afrika auf Sardinien, sehr lustig. Auch die anderen Frauen öffnen sich für Gespräche, und so erfahre ich Schicksale, die mich ganz demütig machen, angesichts meiner läppischen Unannehmlichkeiten der letzten Tage. Wie viel Grausamkeiten es auf dieser Welt gibt, und was ein Mensch alles aushalten kann. Welche Demütigungen er zu ertragen hat, wie er seinen Stolz begraben muss, um überleben zu können, und welche Heiterkeit er sich trotzdem bewahren kann. Niemand kann sich aussuchen, in welchem Teil dieser Erde er geboren wird, aber ein jeder hat die Möglichkeit, für ein besseres Leben zu kämpfen. Diese Menschen, die uns so freundlich aufgenommen haben und das bisschen, was sie haben, mit uns teilen, haben unter Einsatz ihres Lebens gekämpft. Ich hoffe für sie, nicht vergeblich.

Yassouf
Bruno

Es ist absolut windstill im Innenraum des Nuraghe. Er ist rund und nur ungefähr sieben Quadratmeter groß, und die am besten erhaltene Stelle des Gemäuers, wo wir Arm in Arm geschlafen haben, ist etwa anderthalb Meter hoch und zwei Meter im Durchmesser.

Obwohl es penetrant nach Ziegenbock stinkt, haben wir hier unter einer Heugarbe geschlafen. Diesen unerträglichen Moschusgeruch sondern Ziegenböcke normalerweise in der Paarungszeit ab. Es hat schon etwas gedauert, bis ich mich daran gewöhnt hatte, aber im Vergleich zur ersten Nacht war das gar nichts.

Yassouf, ein Afrikaner, den wir kurz nach dem Aufstehen kennengelernt haben und der jeden Morgen mit anderen Migranten hierherkommt, um in den Olivenhainen zu arbeiten, erzählt uns vom Besitzer des Hains, einem gewissen Marchese Valdes. Jedes Jahr produziert er in dieser Gegend feinstes Olivenöl und einen ausgezeichneten Wein. Vor vier Jahren hat er einen neuen Weinberg angelegt, um ein Zeichen für das Wiederaufblühen einer Gegend zu setzen, in der früher einmal der beste Cannonau, eine typisch sardische Rebsorte, hergestellt wurde, und um diesen fünfzehn jungen Migranten, fast alle von der Elfenbeinküste, Arbeit zu geben. Yassouf spricht voller Respekt und Bewunderung über seinen *Padrone*. Es ist schon ein wenig seltsam, einem schwarzen Einwanderer von der Elfenbeinküste zuzuhören, der perfekt Italienisch mit sardischem Akzent spricht, aber wetten, dass wir heute durch ihn wieder jede Menge Neues lernen werden?

Jutta und ich sind ganz hin und weg von diesem freundlichen Lächeln, seiner offenen Art und der Hingabe, mit der der junge Mann die Ohren unserer Esel streichelt. Fil'e und Ferru haben die ganze Nacht über friedlich geschlafen. Jetzt schreien sie und sind unruhig. Yassouf hat sie gerade vom Baum losgemacht, an dem wir sie am Abend festgebunden hatten, aus Angst, sie würden fortlaufen.

»Man braucht sie gar nicht so festzubinden, kein Wunder, dass sie sich nicht beruhigen. Beim nächsten Mal bindet das Halfter einfach einmal um die Fesseln ...«

Unsere Maultiere genießen selig das Kraulen hinter den Ohren, und es dauert keine fünf Minuten, da fallen ihnen den Augen zu. Wenn man Yassouf so zuhört, möchte man am liebsten mehr von ihm wissen und verstehen. In Zeiten, wo man alles Fremde verteufelt und kein Verständnis zeigt, kann man ein wenig optimistischer in die Zukunft blicken, wenn man Menschen wie ihm begegnet. Im Gegensatz zu seinen Schicksalsgenossen aus Ghana oder dem Maghreb, die sich in ganz Süditalien ohne Papiere und illegal aufhalten, fühlen er und seine Freunde sich nicht ausgebeutet. Ganz im Gegenteil. Durch die Arbeit in den Olivenhainen des Marchese verdienen sie gut, und das bei freier Kost und Logis. Ich war noch nie in Schwarzafrika, aber Jutta hat dort schon einige Male gedreht und sagt, dass sie sich immer willkommen und geliebt gefühlt hat. Hier in Italien hat unsere letzte Regierung ein verfassungswidriges Gesetz verabschiedet, wonach für Immigranten gleiche Rechte nur dann gelten sollen, wenn es uns genehm ist. Oder besser gesagt, solange wir sie als billige Arbeitskräfte ausnutzen können, die wir danach jederzeit postwendend zurückschicken können! Das kann sogar Yassouf nicht glauben, so etwas hätte er nie von einem Volk erwartet, von dem früher sechzig Millionen Emigranten über die ganze Welt verstreut waren.

»Lieber Yassouf, direkt nach dem Krieg war es uns Italienern im Bahnhof von Basel verboten, den Wartesaal zu betreten ... Damals waren wir die Afrikaner! Und heute behandeln wir euch genauso. Aber ich versichere dir, dass Italiener in ihrem Herzen nicht böse sind. Sie haben ihre Leiden nicht vergessen. Es liegt an der Regierung.«

»Ich weiß, die meisten Italiener sind gute Menschen. Der Marchese ist immer fair zu uns gewesen. Er hat uns sogar eine Parabolantenne und einen Satellitenreceiver hingestellt, damit wir die Spiele vom Afrika-Cup anschauen konnten. Und Silvester lädt er uns immer zum traditionellen Linseneintopf mit Schweinewurst zu sich nach Hause ein!«

Yassouf möchte alles über uns erfahren, über unsere Esel und warum wir hier gelandet sind. Wir geben ihm eine Kurzfassung der letzten beiden Tage, denn es ist einfach zu viel passiert, um ins Detail zu gehen. Doch wir müssen zugeben, dass wir bei allem Pech einige wunderschöne, vielleicht nicht zufällige Begegnungen hatten. Ich frage ihn nach einem Handy, damit ich meinen Vetter (der uns inzwischen bestimmt schon als vermisst gemeldet hat!) anrufen und ihm wieder einmal ankündigen kann, dass es wohl etwas später wird. Doch hier auf dem Feld dürfen keine Mobiltelefone benutzt werden, aber wenn wir bis um vier Uhr warten würden, könnten wir uns das vom Marchese ausleihen und ihn gleich bitten, uns nach Gesturi zu bringen, das nur sechzehn Kilometer von ihrem Dorf entfernt liegt. Dann bringt sie nämlich der Marchese wieder zurück auf den Bauernhof von Villamar.

Unterdessen kommen die anderen Männer mit den Kunststoffstiegen in der Hand und laden uns ein, mit ihnen neben einer der Baumreihen zu frühstücken. Eine wunderbare Brotzeit: für mich eine große Tasse heißer Milch mit reichlich eingebrocktem Brot und einem Löffel Honig und für Jutta ein schönes Stück Ricotta mit Brot, Wurst und Speck, wie man ihn auch in Niederbayern nicht besser bekommt ...

»An guad'n«, wünscht meine liebe Bayerin begeistert in die Runde.

Das wird bestimmt ein wunderschöner Tag.

Hier auf dem Land werden die Oliven noch mit der Hand geerntet. Man lehnt Aluleitern an die Bäume, unter die ein Netz gespannt ist, das vom Morgen bis zum Sonnenuntergang dort ausgebreitet liegen bleiben muss, aber nicht länger, damit die Oliven nicht der kalten Nachtluft ausgesetzt werden. Yassouf ermahnt uns, aufzupassen, nicht draufzutreten oder sie mit den Leitern zu zerquetschen. Nur die Reihe von uralten Bäumen, die sich vierzig Meter an der schmalen Gutsstraße entlangzieht, wird in diesem Jahr nicht von Hand geerntet: Das wäre viel zu zeitaufwendig, weil sie so reiche Früchte trägt. Deshalb setzt man für diese Bäume den Rüttelkamm ein. Auch hier werden Netze gespannt, doch die Früchte werden dann mit einer Maschine, dem sogenannten Rüttelkamm, von den Zweigen geerntet. So ähnlich ist man auch früher vorgegangen, als man mit langen Stöcken die Oliven abgeschlagen hat. Mit dem Kamm aber ist die Ausbeute ergiebiger, als wenn man nur die heruntergefallenen Früchte aufsammeln würde, gleichzeitig vermeidet man die Nachteile der traditionellen Stockmethode, denn der Rüttelkamm schüttelt den Baum ähnlich sanft wie ein Mensch und verletzt die Zweige nicht. Yassouf geht für mich ein solches Gerät holen, das, wie er sagt, höchstens ein Pfund wiegt und angeblich ganz einfach zu bedienen ist. Ein Kinderspiel, meint er, und obwohl die Maschine mit ungefähr 2000 Schlägen pro Minute arbeitet, beschädigt sie den Baum nicht.

»Dann hast du auch zu tun!«

Jutta, die sich in der Zwischenzeit mit einer jungen Afrikanerin angefreundet hat, hilft beim Sortieren der geernteten Oliven. Juttas plötzliches Interesse für eintöniges Sortieren kommt mir doch etwas merkwürdig vor. Ehe ich anfange, nähere ich mich den beiden, um ihr Gespräch zu belauschen.

Jutta: »Die sind wunderschön, Marie Julienne, so etwas hätte ich auch gern in meinem nächsten Film. Sie sehen aus, als wären es deine eigenen!«

Marie Julienne: »Sie tragen sich sehr gut, und ich mache sie selbst.«

Jutta: »Du selbst?! Und wie?«

Marie Julienne: »Sie werden eingeflochten, so kann man sie einknüpfen und wieder entfernen, alles ganz sauber und umweltfreundlich. Eine afrikanische Technik.«

Jutta: »Und wie geht das?«

Marie Julienne: »Du bestellst ein Bündel Echthaar in der Farbe, die dir gefällt, und ich flechte sie dann direkt in dein Kopfhaar ein. Dabei braucht man keinen von diesen Klebstoffen, die die Kopfhaut angreifen …«

Jutta: »Ich habe das einmal in München mit Keratin an einzelnen Strähnen versucht …«

Marie Julienne: »Um Gottes willen, trau keinem Friseur, der mit Silikon, Laser und anderem Mist arbeitet. Dann nimm lieber noch diese Teile zum Stecken, auch wenn das etwas unbequem ist, weil man sie zum Haarewaschen immer rausnehmen muss …«

Ich wusste doch, dass da was nicht stimmen konnte. Die beiden reden natürlich nicht über Oliven und Ernte, sondern über Extensions! Da ruft mich Yassouf zur Arbeit, er erwartet mich mit einem drei Meter langen Teleskopstab an der Baumreihe. Es ist eine Art ausziehbarer Kamm. Das Kernstück dieses merkwürdigen Geräts ist ein kleiner tragbarer Motor, den man mir über die linke Schulter hängt. Bei diesem besonderen System zum Übertragen der Vibrationen auf den Baum wird das Gerät nicht fest an einem Zweig verankert. Das ginge zwar schneller, könnte aber die Rinde ernsthaft beschädigen.

Dazu muss ich kurz erzählen, was mir unlängst in der Kochshow »Lafer! Lichter! Lecker!«, in der ich mit Jutta zu Gast war, passiert ist. Dass ich mit Küchengeräten nicht gerade vertraut bin, ist mittlerweile ein offenes Geheimnis, doch ich hatte es schlichtweg versäumt, die Verantwortlichen der Sendung darüber zu informieren. Nun sollte ich mit einem elektrischen Handrührgerät ein Ei verquirlen. Aber keiner aus der Redaktion hatte es für nötig gehalten, mich über die Funktion der beiden Schalter am Griff des Gerätes aufzuklären. Jedenfalls habe ich den falschen Knopf gedrückt, und einer der beiden Metallquirle sprang heraus und flog einem Zuschauer mitten ins Gesicht! Wenn Sie mir nicht glauben, schauen Sie doch bei YouTube nach! Auch damals durfte ich nicht auf Juttas Solidarität hoffen.

Ironie des Schicksals, auch der Rüttelkamm besteht aus mehreren Teilen. Er wird über eine Art Fernbedienung neben dem Griff gesteuert, und hier kann ich mich nicht einmal herausreden, dass ich die Beschriftung nicht verstehe, denn es steht alles auf Italienisch drauf. Als Yassouf mir die kleine Steuerkonsole mit dem Display zeigt, steht sie auf »Pause«, ich muss also nur noch auf die Taste drücken, um den Rüttelvorgang zu starten. Er warnt mich jedoch nicht vor, dass man dies auf keinen Fall tun sollte, während man gleichzeitig den kleinen Hebel des Joysticks nach unten drückt, weil sich dann der Kamm komplett ausklinkt. Es kommt, wie es kommen musste, ich stütze mich mit dem Ellenbogen auf dem Joystick ab, während ich den Knopf drücke, der Kamm löst sich aus der Verankerung und schießt wie ein Sputnik nach oben. Dadurch schüttelt der Kamm die Zweige des Baums so heftig, dass mir gleich zwei Kilo Oliven auf den Kopf prasseln, fliegt am Stamm vorbei, nachdem er ihm beinahe die halbe Rinde abgefetzt hat, zerbricht die höchsten Äste und landet schließlich in Marie Juliennes wunderschöner Frisur! Und auch wenn die Zähne des Kamms aus Karbonfaser sind und der Vorderaufsatz aus Ultraleichtmaterial, hat er scharfe Spitzen. Zum Glück federt die dichte Haartracht der schönen Ivorerin den Aufprall ab, so dass er sanft auf dem Boden landet. Und ich – mittlerweile Ziel des allgemeinen Spotts – stehe mit dem immer noch vibrierenden Stab des Rüttelgeräts in der Hand da. Ein Bild, das Jutta, Yassouf und die anderen zu ausgiebigen Kommentaren ermuntert!

Um diese Jahreszeit nehmen die Bäume die schönsten Farben an. Wenn es aufklart, scheinen alle zu lächeln; die Blätter, die bereits ihre herbstliche Färbung wie von überreifen Trauben angenommen haben, leuchten in einem goldenen Rot, und je nachdem, wie sie das Sonnenlicht hindurchlassen, ergeben sich immer neue

Lichtspiele. Jetzt widme auch ich mich der Handernte, die eine gewisse therapeutische Wirkung auf mich ausübt. Während man die Zweige schlägt, ist man wirklich ganz mit sich allein. Am Anfang schart sich die ganze Gruppe um einen Baum, und zwischen den Oliven hört man fröhliches Geplauder. Doch dann verstummen die Rufe allmählich, alle verteilen sich auf der Suche nach einem eigenen Baum. So entspinnen sich lange stumme Gespräche ... Und kein Olivenbaum wird je verraten, was ihm anvertraut wurde.

Mistral
Jutta

Signore Marchese Geraldo Valdes kommt um kurz nach vier, um seine Arbeiter samt den gepflückten Oliven abzuholen. Von weitem hört man das herannahende Brummen eines Lastwagens.

Augenblicklich unterbrechen die Männer ihre Arbeit, und die Frauen sortieren in Windeseile die Oliven. Die Körbe werden bis zum Rand gefüllt und die schlechten Früchte auf einen Haufen geschüttet. Unseren Eseln legen sie die abgeschlagenen Äste vor die Füße, bis dato wusste ich nicht, dass Maultiere auch Oliven fressen. Hier auf Sardinien scheint alles anders zu laufen. Der sardische Gourmetesel frisst wahrscheinlich auch Spaghetti.

Angesichts des Lastwagens, der schaukelnd zwischen Bäumen und Furchen heranrumpelt, bezweifle ich, dass wir beide mit unseren Mulis Platz darauf finden.

Zwischen emsigem Aufladen und dem Verstauen der Körbe, den Frauen und Männern, die auf die Ladefläche klettern, sehe ich für uns keine Chance. Auch hier können alle nur stehend mitfahren. Wo bitte sollen da noch zwei Esel Platz haben? Ich und auch Bruno könnten uns irgendwie noch dazwischenquetschen, aber die Tiere müssen dringend zu Claudio und Anna zurückgebracht werden.

Eine Diskussion zwischen Bruno und dem Gutsbesitzer scheint eine Lösung gebracht zu haben, denn Bruno, der fleißige Olivenpflücker, kommt strahlend auf mich zu.

»Binde die Esel wieder fest«, sagt er zu mir, »wir müssen noch ein bisschen warten. Der Marchese bringt jetzt die Arbeiter nach Hause und kommt später mit einem Pferdeanhänger, um uns abzuholen. Alles wird gut!«, meint er, während er mein skeptisches Gesicht streichelt.

Nun gut, so binde ich unsere beiden mir liebgewordenen Tiere wieder an den Baum.

Aus tiefstem Herzen wünsche ich mir nur, nicht noch eine Nacht hier draußen verbringen zu müssen. Aber Bruno beruhigt mich. Spätestens in einer Stunde würden wir abgeholt, das wäre so sicher wie das Amen in der Kirche.

»Dein Wort in Gottes Gehörgang«, sage ich auf Deutsch, was er eh nicht versteht.

»*Tuo parole al oriecchi di dio*«, versuche ich zu übersetzen, aber er sieht mich verständnislos an.

»Your word in the ear of god«, sag ich halt jetzt auf Dinglisch!

»Aha«, meint er und schaut mich nicht weniger verständnislos an.

Manchmal ist es ja vielleicht auch gar nicht so schlecht, wenn einen der andere nicht versteht, denke ich resigniert. Ist ja nun wirklich momentan auch wurscht.

»Now it is really sausage«, würde unser allseits beliebter Loddar Maddäus sagen.

Ich setze mich neben mein Eselchen und reiche ihm ein schönes Blatt, das er dankbar frisst.

»Gell, wir zwei verstehen uns«, flüstere ich ihm ins Ohr.

Bruno möchte sich ein bisschen bewegen und schlägt einen kleinen Spaziergang vor. Der Sonnenuntergang scheint wunderschön zu werden, total windstill ist es und ganz lau die Luft, fast ein bisschen zu warm. Da ich keine

Lust habe, mich noch mal zu verirren, bestehe ich darauf, dass wir uns nicht zu weit wegbewegen.

Mit der langsam sinkenden Nachmittagssonne kommt Wind auf. Erst bewegt er freundlich die Zweige der Bäume, um sich dann schließlich auf die trockene Erde zu stürzen. Staub wirbelt auf. Wir gehen zurück zu den Eseln. Sie werden zunehmend unruhiger und treten tänzelnd von einem Bein aufs andere. Ich rufe laut nach Bruno, den ich aus den Augen verloren habe, schreie, er solle augenblicklich zurückkommen. Ferru schlägt nach hinten aus und zerrt an seinem Strick. Ich versuche ihn zu beruhigen, befürchte aber, dass er mir einen schmerzenden Tritt versetzen wird. Gerade als er sich mit einem Ruck losreißt und mit lauten »Iiiii-Aaaaas« die Flucht ergreift und ich gerade noch rechtzeitig meinen Esel bremsen kann, erscheint Bruno.

»Ein Mistral zieht auf«, ruft er. Ein für Sardinien typischer Wind, nicht wirklich schlimm und auch nicht außergewöhnlich, die Menschen hier sind ihn gewohnt. Er kommt meist mit Regen, entlädt sich, hält kurz und heftig an, um anschließend das sanfteste Licht und Wärme zu verbreiten.

»Geh mit dem Esel in den Nuraghe und bringt euch in Sicherheit, ich suche mein dummes Tier und bin gleich wieder da.« Mit diesen Worten verschwindet er.

Ich binde meinen sehr beunruhigten Esel – schließlich hat sich der Gefährte aus dem Staub gemacht – los und zerre ihn in unseren Unterschlupf. Gar nicht so einfach, diesen bockigen, sich mit allen vieren wehrenden Esel gegen seinen Willen auch nur einen Schritt vorwärtszubringen. Ich ziehe und zerre, rede freundlich, dann wieder zornig auf Fil'e ein, singe ihm ein Lied, und schließlich reißt mir der Geduldsfaden, und ich schreie ihn aus voller Kehle laut bayrisch fluchend an: »Kruzifix, verdammtes Vieh, geh endlich vorwärts.« Just in diesem Augenblick fährt ganz in unserer Nähe ein gewaltiger Blitz herunter, dem Sekunden später ein noch stärkerer Donner folgt. Ich bin halb im Nuraghe, der Esel am Strick halb draußen, er macht einen Satz nach vorne, ich fliege nach hinten auf meinen Allerwertesten, während ich immer noch den Strick in den Händen halte. Kurz bevor sich mein Maultier umdrehen kann, um das Weite zu suchen, kann ich mich gegen einen Stein stemmen. Nun bin ich fest verkeilt, nur loslassen darf ich nicht. Er will steigen, dann will er ausschlagen, aber der Nuraghe ist zu klein, und er schlägt den Huf an die Wand. Mein Fil'e iaht ganz jämmerlich, und ich hab ordentlich Angst vor dieser Eselskraft. Als er sich ein bisschen beruhigt, rapple ich mich auf und umarme seinen Hals, dann binde ich ihn an einem Pfosten vor dem Nuraghe an und bete, dass Bruno bald kommt.

Er kommt tatsächlich kurz darauf, ganz offensichtlich hat er mit Ferru dieselben Probleme. Bruno hangelt sich von Baum zu Baum, wobei er immer wieder den Strick festzurrt, um dann von hinten den Esel anzuschieben. Inzwischen hat mit diesem Donner ein sintflutartiger Regen eingesetzt. Er ergießt sich über uns, der Nuraghe ist in Minuten völlig durchnässt, und der mit Heu bedeckte Boden verwandelt sich in Schlamm. Blitz und Donner lassen nach, ziehen mit der Geschwindigkeit des Mistrals weiter. Nach wenigen Minuten ist alles vorbei. Kein Wind mehr, kein Regen, das Gewitter donnert in der Ferne und richtet dort seinen Schaden an. Um das Schauspiel zu vervollständigen, kommt die untergehende Sonne mit ihrem letzten Licht durch die vorüberziehenden Wolken und hüllt den Olivenhain in ein Orangerot.

Klitschnass sind wir, zittern am ganzen Leib, teils weil uns saukalt ist und teils weil wir mal wieder an unsere Grenzen gestoßen sind. Was, wenn wir doch nicht abgeholt werden?

Bruno kann sich das nicht vorstellen. Der Gutsbesitzer sei ein Ehrenmann, da würde er sich nicht täuschen. In Sardinien gelte ein Handschlag noch als Versprechen. Wir müssten uns vielleicht noch ein bisschen gedulden.

»Ja, wir gedulden uns, aber kannst du das bitte machen, indem du mich ganz fest umarmst, dann ist mir nicht so kalt«, sage ich zu meinem Ritter.

So stehen wir, uns gegenseitig wärmend, im Matsch und setzen auf die Ehre des Marchese.

Regenküsse
Bruno

Während wir auf den kleinen Hügel steigen, wo der Nuraghe liegt, verfolgen uns seltsame Wolken, als wollten sie uns etwas ankündigen. Fil'e und Ferru, die an einem Busch festgebunden sind, fangen an zu stampfen und ziehen die Oberlippe hoch. Vielleicht jagt ihnen ja dieser Horizont Angst ein, der sich so verfärbt hat, jedenfalls reißt Ferru sich plötzlich los und galoppiert davon wie ein Irrer. Jutta versucht Fil'e zu bändigen, der natürlich hinterherwill. Irgendwie gelingt es ihr, das Maultier bei dem Nuraghe anzubinden. Ich verfolge unterdessen Ferru. Ich weiß nicht, wie, aber er hat es geschafft, einen ein Meter hohen Stacheldrahtzaun zu überspringen, und versteckt sich jetzt hinter einem riesigen Strohrad. Da er sich nun in Sicherheit glaubt, legt er sich hin und reibt sich den Rücken am Boden. Der Himmel verfinstert sich immer mehr, und die dicken Wolken scheinen gleich unter ihrer Regenlast zu platzen. Das scheint Ferru unheimlich zu sein, denn er kommt zu mir zurück. Mühsam, von Baum zu Baum, geht es zurück zum Nuraghe. Es ist fünf Uhr. Zuerst gibt es einen Blitz. Dann einen laut dröhnenden Donner. Es fängt an zu regnen, und Valdes lässt sich nicht blicken. Die beiden Tiere strecken uns ihre Mäuler hin, als wollten sie uns mit dem Hals umarmen. Der warme Atem aus ihren Nüstern streichelt unsere Gesichter, und wir erwidern gern ihre Liebkosungen. Ein unbeschreibliches Gefühl. Jetzt haben wir schon über einen Tag nicht auf ihnen gesessen, und da fehlen sie uns bereits. Was für eine Szene! Erst die Wolken, dann der Regen und das Gewitter und wir vier unter einem Netz, das wir zum Schutz über uns gebreitet haben.

Wir küssen uns. Diesmal mit Leidenschaft. Wie im Film. Diese ganze Reise ist wie ein Film, und das könnte die letzte, die Schlüsselszene sein, in der sich die Helden heftig und leidenschaftlich im Regen küssen. In diesem Moment muss ich an den Kuss aus *Frühstück bei Tiffany's* denken, wo sie sich ganz zum Schluss verzweifelt küssen, während es wie aus Eimern gießt. Aber das hier ist kein Film, und unser Kuss dauert auch nicht sehr lange, weil ich niesen muss: Hatschiii! Wenn es weiter so schüttet, werden wir noch krank, und wenn Valdes uns nicht holen kommt, müssen wir die ganze Nacht mit nassen Klamotten und Haaren herumlaufen.

»So holen wir uns noch Schnupfen, Husten und eine Lungenentzündung obendrein!«

Während es weiter regnet und donnert, fällt mir nichts Besseres ein, um die Zeit zu vertreiben, als mit lauter Stimme jede Menge Blödsinn über berühmte Küsse im Regen vor mich hin zu monologisieren.

»Der dauert ja nicht nur zwei Minuten … nein … da ist ja noch der ganze Streit vorher im Taxi, ungefähr eine Minute lang, dann der intensive Blick, wenn sie aus dem Taxi steigen … das ist noch einmal eine Minute … dann die zwei Minuten im strömenden Regen, und Audrey Hepburn muss auch schön niesen. Dann, warte, kommt die Szene … Haatschii!«

»Gesundheit!«

»Danke, und denk doch nur an diese andere Feuchtküsserei mit Tom Hanks und Helen Hunt in *Cast away* …«

»Lustig war das in *Vier Hochzeiten und ein Todesfall*.«

»Phhh, noch lustiger war der in *Spider-Man*, wo sie ihn küsst, während er kopfüber hängt!«

»Na ja, unser Kuss könnte auch ganz schön romantisch sein, wenn du dir nur diese großen Tropfen unter der Nase abwischen würdest!«

»Weißt du, Jutta, was die Stimme aus dem Off am Anfang von *The Portrait of a Lady* mit Nicole Kidman erzählt? ›Der schönste Moment eines Kusses ist, wenn du siehst, wie sein Gesicht immer näher kommt und du begreifst, dass er dich gleich küssen wird. Dieser Augenblick davor ist etwas Wunderbares.‹«

Von Nordwesten kommt ein heftiger Wind auf.

»Spürst du den Mistral, *amore*? Der alles fortweht, auch die Traurigkeit.«

Unser Kuss wird wieder leidenschaftlicher. Plötzlich versucht Jutta, sich aus meiner Umarmung zu lösen, als ob sie etwas gesehen hätte. Sie holt Luft und will mir etwas sagen, aber ich verstehe sie nicht beziehungsweise verstehe sie falsch. Ich komme noch näher, ziehe sie fest an mich und verschließe ihr die Lippen mit einem neuerlichen Kuss. Wie überwältigt weicht sie vor mir zurück. Mit einer Hand wühle ich ungeschickt in ihren feuchten Haaren. Wieder suchen meine Lippen die ihren, aber nicht mehr zärtlich, sondern wie ausgehungert. Nicht einmal das *Phantom der Oper* hätte das besser hingekriegt. Ich sehe, wie sich ihre Augen weiten, als sähe sie das abscheulichste Monster auf Erden vor sich. Fast schon glaube ich, dass ich sie mit meiner Glut erschreckt habe. Doch ihr letzter Schrei ist mehr als deutlich:

»FERRU IST WEG! ER IST WIEDER AUSGEBÜXT!«

Ich glaube fest daran, dass der Esel nicht allzu weit fortgelaufen ist. Die hohen Schornsteine dort hinten werden wohl zu dem Zementwerk gehören, auf das Yassouf vorhin so geschimpft hat. Der verdammte Staub, der dort entsteht, legt sich auf alle Pflanzen in der Gegend und richtet an den Olivenbäumen gewaltigen Schaden an. Die angeschlossenen Gruben, in denen Kalk und Sand abgebaut wird, verschandeln die Landschaft und vernichten auf dramatische Weise das kulturelle Erbe dieser Insel. Wieder so ein Fall in unserem Italien, wo alles wirtschaftlichen und politischen Interessen geopfert wird. Vielleicht sollte ich da nach ihm suchen? Die Hügel sind dicht mit Steineichenwäldern und Buschwerk von Myrte bewachsen. Die Gegend hier ist völlig verlassen. Ich bin mutterseelenallein in der feierlichen Stille dieses Abends.

»FERRU! FERRU!«

Nichts. Nicht einmal ein »Ii-aah« aus weiter Ferne. Jetzt sehe ich das Zementwerk deutlich vor mir liegen. Aus einem der Schornsteine quillt noch Rauch. Lastwagen parken vor dem Haupttor. Jemand hat mal gesagt, auf Sardinien könne man wie im Paradies leben. Das stimmt. Aber wenn ich an diese Monster aus Stahl und Gummi denken muss, die soeben wieder einen Kalksteinbruch ausgebeutet haben, werde ich nachdenklich. Könnte dieser Kalkstein doch nur reden! Wieder schiebt sich ein Lastwagen in die Basis: Wie ein Schleier liegt der Staub in der Luft. Zwei Gestalten mit einem Bauhelm auf dem Kopf steigen herab ... Ich kann sie vor mir sehen, wie sie am Rand einer Grube darauf warten, dass der Sprengmeister die Ladung zündet. Gespannt lauern sie auf den Donner der Explosion. Und dann ist er da, der Moment, wenn die Erde unter ihren Füßen bebt und die kleinsten Steinchen zu zittern beginnen, als ob sie irgendeine unsichtbare Hand sieben wollte. BUUMM!

Ich sehe, wie nach der Zündung Staub aufsteigt und auf halber Höhe in der Luft stehen bleibt. Der Sprengmeister freut sich, während der Baggerführer seine kraftvolle Maschine anwirft. Der lange Schaufelarm setzt gleich am tiefsten Punkt an, um das Gestein abzubauen. Die Arbeit ist beendet. Langsam legt sich der Staub, und die beiden machen sich wieder zum Zementwerk auf. In der Luft bleibt der staubige Schweif eines verhängnisvollen Kometen zurück.

Plötzlich taucht eine geisterhafte Erscheinung aus dem Nichts vor mir auf. Ferru! Energisch schüttelt er sich den Staub ab. Folgsam kommt er auf mich zu und fordert mich mit seinem Blick auf aufzusitzen. Einsam reiten wir über die weiße Straße, die uns zurück zum Nuraghe bringt. Die Natur scheint sich vom Gewitter zu erholen. Die Luft ist wieder warm, und man sieht schon die ersten Sterne. Ich blicke wie durch ein Fenster auf das vor mir liegende Tal, betrachte die still vor mir liegende Welt, alles ist ruhig und friedlich. Ich denke – fasziniert von der Vorstellung – an die unendlichen Staus auf den Autobahnen, an lange Schlangen vor Schaltern, beim Bäcker, in den Gässchen der Ferienorte und am Strand. Ich lehne den Fortschritt ja gar nicht ab, oder alles Moderne, ganz im Gegenteil. Vielleicht habe ich mich gerade ein wenig zu sehr über die Zementwerke aufgeregt. Aber ich wehre mich dagegen, welches Leben uns dieser Fortschritt aufzwingt. Auf einem Esel zu reiten ist unbequem, das weiß ich selbst. Aber bei den steigenden Benzinpreisen verschwendet man vielleicht mal einen Gedanken daran. Der Fortschritt ist nicht aufzuhalten. Warum also ein eher unbequemes Transportmittel benutzen, das schwitzt, das müde wird, das gepflegt werden muss und sehr langsam ist? Darauf gibt es eine gute Antwort: Der Esel ist ein lebendiges Wesen. Er braucht uns. Er versteht uns. Ihm geht es gut, wenn wir uns bessern. Er ermöglicht uns einen erholsamen Kontakt zu der Natur, in einer stillen, unbekannten Landschaft.

Der Mond scheint. Sein Licht, das sich auf dem noch feuchten weißen Kies spiegelt, ist ein schweigsamer Freund, der uns stetig folgt, ohne uns zu stören. Wir gehen im Schritt, und ich streichle den Esel. Ein Ausdruck meiner Dankbarkeit. Was für ein schönes Gefühl, auf der Welt zu sein und diese beiden Ohren vor sich zu beobachten, die glücklich zucken, weil sie ihren Herrn wiedergefunden haben. Ein stummes Dankgebet steigt in mir auf. Danke, mein Freund! Wir sind gleich da. Wenn ich auf deinem Rücken mit fünf oder sechs Kilometern in der Stunde unterwegs bin, dann genieße ich jeden zurückgelegten Meter, jede Pflanze auf deinem Weg, jeden Wurm, den du nicht zertrampelst und der sich nicht vor dem gleichförmigen Klappern deiner Hufe erschreckt. Was für ein unbeschreiblicher Duft steigt von diesen Myrtenbüschen auf! Jetzt sind wir schon auf dem vorletzten Stück Weg vor dem Olivenhain. Wir bewegen uns nun in leichtem, gleichmäßigem Galopp vorwärts. Noch ein kurzes Stück hinunter, und dann wird es eben. Ein großartiges Gefühl, das nur der verstehen kann, der es selbst erlebt hat. Im Grunde genommen müssen wir selbst entscheiden, wie wir leben wollen. Und wenn wir schon auf so vieles verzichten wollen, kann uns doch ein Ausschnitt, ein kurzes Eintauchen in die Schöpfung mehr bringen, als wir zu hoffen wagen.

Ein Fuchs oder ein Hase flitzt vor uns über die Straße. Ich bewundere die Granitfelsen des Linas-Gebirges vor dem verschwommenen Horizont. Noch ein Stück, und wir haben es geschafft. Jutta und der Marchese erwarten uns. Der Jeep mit dem Pferdeanhänger parkt vor dem Nuraghe. Wir sind zurück. Geraldo Valdes freut sich wie ein kleines Kind und sieht mich wieder mit einem breiten Lächeln an.

Hoch über uns leuchtet strahlend der Mond, aber noch mehr strahle ich bei der Aussicht auf etwas Wärmendes, das bald für uns bereit ist.

Der Jeep mit dem Pferdeanhänger fährt die lange beleuchtete Allee hinauf, die zum Eingang des alten Anwesens führt. Es geht auf das fünfzehnte Jahrhundert zurück und ist seitdem im Besitz der angesehenen Familie, deren Namen es trägt. Der gesamte Gebäudekomplex wurde auf Betreiben des Marchese von Grund auf renoviert, doch er betont ausdrücklich, dass er dies ohne professionelle Hilfe geschafft hat und es nur nach seinem Geschmack herrichten ließ. Es ist zu einem charmanten Anwesen geworden. Wir parken unter einem breiten Bogengang mit zwei großen Blumentöpfen aus Sandstein. Dann steigen wir aus und überlassen die Esel der Obhut des Stallknechts.

Zu Besuch bei Signor Valdes
Jutta

Es ist sicher eine Stunde vergangen, als endlich Scheinwerfer auftauchen. Mittlerweile ist es stockdunkel. Der Marchese ist mit einem Landrover und Pferdeanhänger gekommen. Sein Gesicht spricht Bände, als er mich in all meiner durchnässten Jämmerlichkeit sieht. Er küsst zur Begrüßung mit einem Diener meine eiskalte feuchte Hand und sagt in akzentfreiem Italienisch: »Es ist mir eine Ehre, Signora.«

Als ich gerade darüber nachdenke, ob ich mich nun veräppelt fühlen sollte oder ob er eventuell durch meinen Dreck hindurch meine wahre Seele erkannt hat, taucht Bruno mit Ferru auf.

Mit geübter Hand und gebührender Strenge befördert der Marchese die beiden Maultiere in den Hänger.

Als ich auf den Rücksitz seines Landrovers klettern will, signalisiert mir Bruno, dass es wohl besser wäre, mit in den Anhänger zu steigen. Wahrscheinlich möchte er nicht, dass wir die gräflichen Polster beschmutzen. Enttäuscht folge ich ihm, und wir quetschen uns zwischen unsere beiden Freunde.

Wir haben unsere liebe Not, nicht umzufallen. Der Hänger hoppelt über den unebenen Boden, die Esel und auch wir stemmen uns in die Kurven, halten uns gegenseitig. Keiner von uns vieren findet das lustig, und als wir nach einer schier unendlich langen Fahrt endlich zum Stehen kommen, ist uns schlecht.

Als sich mir im Olivenhain der Marchese mit einem nicht enden wollenden Namen vorstellte, dachte ich zuerst, er mache einen schlechten Witz. Die Verbeugung vor meiner durchnässten Gestalt, der Handkuss auf meine verdreckte Hand, all das konnte doch nur einem Märchenfilm entspringen.

Doch inzwischen weiß ich, dass er es ernst meinte. Seine Erziehung gebietet ihm, sich stets würdevoll zu verhalten, wie kurios sein Gegenüber auch sein mag.

In der Abenddämmerung erkenne ich eine wunderschöne zypressengesäumte Straße vor einem Haus mit U-förmig angebauten Seitenflügeln. Es scheint inmitten eines Parks zu liegen. Zwei Laternen, die fahles Licht verströmen, erhellen den Eingang. Wunderschön geschnitzt ist die große schwere Eingangstür, die sich nun öffnet.

Eine uralte gekrümmte Frau tritt heraus und redet sofort lautstark auf Signore Marchese ein. Ich verstehe kein Wort, sie spricht mit schwerem sardischem Akzent. Bruno erwidert meine Blicke mit Schulterzucken, auch er scheint sie nicht zu verstehen.

Sie ist irgendwie sauer auf den Marchese, weil er uns mitgebracht hat und sie offenbar keine Zeit hatte, etwas vorzubereiten. Warum nur wollte Bruno die Einladung unbedingt annehmen? Natürlich ist eine Dusche verlockend, und ebenso ein üppiges Abendmahl, aber warum muss man dafür eine alte Frau in Aufregung versetzen? Ich wäre gerne direkt nach Gesturi gefahren, dann könnte ich meine Kleider wechseln und irgendetwas essen und danach in ein BETT fallen. Warum nur will einen jeder auf dieser Insel einladen? Das ist ja reizend, aber mein Bedürfnis danach ist erst einmal gedeckt. Als Bruno mit Valdes gesprochen hat und ich wie üblich nur die Hälfte verstand, hätte er mich doch einbinden können. Ständig wird über meinen Kopf hinweg bestimmt.

Was wäre schon dabei gewesen, die Einladung auszuschlagen! Der Alten hätte es gefallen. So aber sind wir beiden Frauen überrumpelt und müssen uns fügen. Wie im Mittelalter, denk ich mir.

Bruno und ich werden freundlich ins Haus gebeten. Während ich die Schwelle dieser ehrwürdigen Behausung überschreite und noch einmal kurz einen Blick auf die phantastische Auffahrt erhasche, sehe ich, wie ein Stallknecht unsere beiden Maultiere aus dem Anhänger holt und sie zu einer Stallung bringt. Er trägt Sorge, wie lieb, denke ich dankbar. Von nun an ist das Thema Esel für mich erledigt.

Die Eingangshalle ist mindestens ebenso beeindruckend. Eine breite geschwungene Treppe führt in die oberen Geschosse, dunkles Holz und Stein runden den Eindruck eines alten, von vielen Geschichten getragenen Gemäuers ab. Generationen müssen in diesem Haus gelebt haben, ich bin gespannt auf die Familie des edlen Herrn. Man erwartet, dass sich gleich alle Türen öffnen und Kinder, Hunde und die Ehefrau erscheinen, aber nichts von alledem geschieht. Wir stehen etwas verlegen herum und warten auf die Rückkehr des Hausbesitzers. Die alte Frau ist verschwunden. Ich flüstere Bruno leise zu:

»Meinst du, du könntest fragen, ob ich ein Bad nehmen dürfte?«

»*Ma certo*«, natürlich, antwortet er. Gleich wenn Signor de Valdes erscheint, wird er ihn fragen.

In der Tat werden wir wenig später von dem Faktotum nach oben geleitet. Ein muffig riechendes riesiges Zimmer tut sich auf, jahrhundertelang scheinen hier weder Licht noch Luft hereingekommen zu sein. Frischluft hatten wir ja genug die letzten Tage, wir werden es überleben, doch sobald die Madame den Raum verlässt, werde ich erst mal lüften.

Missmutig öffnet sie einen hölzernen Kleiderschrank mit schweren Messingbeschlägen, um mir schließlich ein großes weißes Unikum von Nachthemd in die Arme zu legen. Augenblicklich hüllt mich der süßliche Duft von Mottenkugeln ein und erzeugt leichtes Würgen.

Die Signora öffnet eine nicht erkennbare kleinere Tür und bedeutet uns, ihr zu folgen. Es ist ein Badezimmer. In der Mitte befindet sich eine große gusseiserne Badewanne, ein wahres Prachtstück aus einem anderen Jahrhundert. Wie lange schon träume ich davon, so etwas zu finden und bei mir zu Hause einbauen zu lassen. Auf vier bronzefarbenen Löwenpfoten steht das Ungetüm. Aus der Bronzearmatur läuft heißes, dampfendes Wasser in die Wanne, nachdem ich mit leicht angeekeltem Blick von der Dame, deren Namen ich nicht einmal kenne, begutachtet wurde. Sie drückt mir ein riesiges Stück Seife in die Hand, womit sie bestimmt zum Ausdruck bringen möchte, dass ich eine gründliche Reinigung dringend nötig habe. Bevor sie mich verlässt, deutet sie noch auf ein eisernes Regal, in dem sich Handtücher und allerlei Fläschchen befinden, dann schlägt sie geräuschvoll die Tür zu.

Während ich mich meiner Kleider zum ersten Mal seit drei Tagen entledige, muss ich laut auflachen. Das hier ist wirklich die Krönung dieser Reise. In etwas mehr als 48 Stunden haben wir das Leben auf dieser Insel auf die unterschiedlichste Weise kennengelernt. Ich bin mir sicher, dass es nicht viele deutsche Touristen gibt, denen Ähnliches widerfährt.

Mit einem tiefen Seufzer tauche ich ein und unter. Kann mich lang ausstrecken, fast schwebe ich im Wasser. Diese wohlige Wärme lässt meine Erschöpfung herauskommen, ganz still bleibe ich liegen, nur Nase und Mund ragen aus dem Wasser. Langsam, ganz langsam überkommt mich unendliche Müdigkeit. Still ist es. Wie schon die letzten Tage fühle ich mich allein gelassen, warum um Himmels willen wollte Bruno nur duschen? Zu gerne würde ich jetzt mit ihm gemeinsam in der Wanne sitzen. Wir würden uns gegenseitig abrubbeln und unsere Gedanken austauschen. Könnten ein bisschen lästern über die alte Frau und die Mottenkugeln, lachen über alles Geschehene, und vor allem könnte er mich über den Fortgang des heutigen Abends, der Nacht und des morgigen Tages aufklären. So aber verbringe ich ungezählte Minuten alleine im Wasser, bis meine Haut an Händen und Füßen zu schrumpeln beginnt.

In der Hoffnung, dass es sich um ein Haarwaschmittel handelt, nehme ich ein Fläschchen mit silbernem Schraubverschluss, dessen Inhalt eine parfümierte goldgelbe Flüssigkeit enthält. Ich schütte etwas davon auf meinen Kopf und massiere es ein. So dreckig, wie meine Haare sind, würde ich mir auch ein Ei draufschlagen.

Wenig später bin ich ein neuer Mensch. Ich hülle mich in ein etwas kratziges Handtuch von der Größe einer Tischdecke und gehe ins Schlafzimmer. Auf dem Bett liegt ein rosafarbener Brokatbademantel mit Spitzenkragen, und ein Paar Pantoffeln steht einsatzbereit daneben. Zieh mich an, schlüpf rein und geh runter, scheinen sie mich aufzufordern. Wenn bloß nicht alles so müffeln würde. Aber die Aussicht auf meine Dreckklamotten ist so gar nicht verlockend.

Ich öffne die großen Fenster. Die Fensterläden, deren

Sicherungen wohl seit Jahren nicht umgelegt wurden, lassen sich nur schwer bewegen, aber schließlich schwingen die Läden zur Seite, und würzige Abendluft strömt mir entgegen. Ich atme tief ein, horche nach draußen auf das Zirpen der Grillen, dieses untrügliche Geräusch des Südens, das bei uns nur in lauen Nächten zu hören ist und den Sommer verkündet. Ein Gecko, der sich offensichtlich an der Außenmauer in der Nähe des Fensters versteckt hatte, schlüpft herein und saugt sich mit seinen Näpfen an der Zimmerwand fest. Das ist ein gutes Zeichen, Geckos bringen Glück!

Ich lächle ihm zu und sage: »Herzlich willkommen, friss bitte alle Motten und Moskitos auf, ich geh jetzt in der Zwischenzeit hinunter und esse.«

Mit diesen Worten entschwinde ich, als Königinmutter verkleidet.

Sie heißt Lenardedda, nie zuvor habe ich diesen Namen gehört. Es sei ein sehr alter, traditioneller Name aus Sardinien, und sie sei schon vor der Geburt des Marchese als Zimmermädchen in dieses Haus gekommen, habe der ehrwürdigen Frau Mutter gedient, um dann die Erziehung des kleinen Marchese zu übernehmen. Das erzählt mir Marchese Valdes auf meine Frage, wer denn die alte Frau sei, die mich ins Bad begleitet hat. Akzentfreies Italienisch bietet er mir, flechtet elegant hin und wieder ein Wort Französisch ein, um seine Vielsprachigkeit zu demonstrieren. Spanisch sei seine Muttersprache, diese jedoch könne er hier nur in bestimmten Kreisen sprechen, das Volk würde ihn nicht verstehen.

Aber jetzt sollen wir ihm doch bitte in den Salon folgen, dort würde er uns seine Mutter vorstellen! Ich bin gespannt, und wir folgen ihm. Er öffnet die Tür und lässt uns eintreten, doch kann ich in diesem Raum niemanden sehen. Der lange Refektoriumstisch ist für vier Personen gedeckt. Auch dieser Saal steht in nichts den übrigen Räumen, die ich bisher gesehen habe, nach. Reichverziertes Holz täfelt die Wände, zur einen Seite öffnet sich eine Bibliothek, die vollgestopft ist mit Büchern, auch diese vornehmlich aus einer anderen Zeit. Die Tafel schmücken silberne Kandelaber, und das Porzellan zieren Paradiesvögel inmitten vereinzelter Blumen. Auch das Besteck ist aus schwerem Silber, und die Weinkelche schimmern im Kerzenlicht. Wie kitschig perfekt alles ist, denke ich mir insgeheim, während ich der Aufforderung des Marchese, an der Längsseite der Tafel Platz zu nehmen, nachkomme. Wo wohl seine Mutter bleibt? Sicher hat sie schon gegessen, denn sie wird ja eine sehr betagte Dame sein und kommt wohl nur für einen Augenblick, um uns zu begrüßen. Bruno soll sich mir gegenüber setzen, er selbst nimmt seinen angestammten Platz am oberen Tischende ein. Ich verfolge mit meinen Augen Bruno, der Mühe hat, den schweren Stuhl zu bewegen. Dann gefriert mir das Lächeln im Gesicht. Ich schlucke, blicke nach unten auf meinen Teller, aber etwas zwingt mich magisch, meinen Blick zu heben. An der Wand hinter Bruno hängt ein gruseliges Porträt. Warum hat man mich an diesen Platz gesetzt? Soll ich irgendwelche Sünden abbüßen? Wenn ich hier sitzen bleibe, bringe ich keinen Bissen hinunter. Der Marchese füllt unsere Gläser mit Rotwein, erhebt sein Glas und sagt mit lauter Stimme: »Zum Gedenken an meine geliebte Mutter!« Auch wir erheben unsere Gläser, und ich schlucke hastig, ohne diesen köstlichen Tropfen genießen zu können. Was mir zuvor als schlechte Kopie eines Gemäldes aus einer Geisterbahn erschien, ist das Abbild seiner geliebten Mutter, auf deren Wohl wir soeben getrunken haben. Die Gute hat wohl das Zeitliche gesegnet.

Mein Gott, was hatte die Arme nur verbrochen, dass sie mit so abgrundtiefer Hässlichkeit gestraft worden war? Welch Glück, dass der liebe Marchese ihr nicht ähnelt. Viel schlimmer jedoch ist, dass ihr Aussehen sie offenbar total verbittert hat, denn der Blick, mit dem sie mich in ihrer Strenge ansieht, zeigt einen Hass und eine Resignation, wie ich sie noch nie gesehen habe.

»Was willst du hier, benimm dich gefälligst so, wie es diesem Hause gebührt, du nichtsnutziger deutscher Zwerg!«, scheint sie sagen zu wollen. Fast möchte ich mich entschuldigen, dass ich es wage, hier in den Gewändern einer Adligen am Tisch des Sohnes zu sitzen.

»Es tut mir leid, aber ich habe mir diese Kostümierung nicht ausgesucht, gnädige Frau. Ihre Kammerfrau hat mich so verkleidet, aber glauben Sie mir, das ist immer noch besser als mein Aufzug, in dem ich hier angereist bin!« Suggestiv versuchen meine Gedanken diese harte Frau zu erweichen. Erstaunlich, dass ein solcher Sohn an ihrer Seite gedeihen konnte. Sofort schließe ich Lenardedda in mein Herz. Sie ist zwar kein Ausbund an Herzlichkeit oder Wärme, aber ihr ist es mit Sicherheit zu verdanken, dass Signor Valdes so großzügig und zuvorkommend ist. Von dieser Mutter strahlt mir der pure Geiz entgegen. Da sie mit ihrem Aussehen keine Großzügigkeit verschenken konnte, war sie bestimmt auch sich selbst gegenüber geizig. Kaum zu glauben, dass sie sich einst einem Mann hingegeben hatte.

Die Stimme unseres Gönners reißt mich aus meinen Gedanken. Er hat offensichtlich bemerkt, dass mich das Gemälde seiner Mutter in den Bann gezogen hat, nur interpretiert er es völlig falsch. Er vermutet Begeisterung, denn er beginnt einen Monolog, dem ich entnehmen kann, wie sehr er seine Mutter vergöttert hat. Ganz alleine hätte sie das gesamte Gut organisiert (kein Wunder!, denke ich), das viele Gesinde im Griff gehabt (die Armen, denke ich), den Weinkeller verwaltet (aha, daher die große Säufernase), die Pferde beritten (ja, der Hintern scheint ausladend zu sein), selbst die Näherinnen hätte sie mit ihrem internationalen Modegeschmack beeinflusst. O Gott, hat sie etwa diesen Bademantel entworfen?

Er findet gar kein Ende, so begeistert ihn sein Redefluss, dem ich lediglich einige »Mmhhs« entgegensetze. Zum einen gibt es absolut nichts dazu zu sagen, und zum anderen will ich mich nicht mit meinem spärlichen Italienisch blamieren. Je weniger ich sage, desto mehr scheint er zu glauben, ich verstünde alles. Ein Wort gibt begeistert das andere, und so schleicht sich von ihm unbemerkt Lenardedda mit dem Essen herein. Sie füllt uns auf, der Duft des Fleisches steigt mir in die Nase, eine Schüssel Pasta dampft fröhlich vor sich hin, aber nichts kann ihn zum Schweigen bringen. Unsere Höflichkeit verbietet uns, mit dem Essen anzufangen, so wird alles kalt. Schließlich erhebt er sich, nimmt erneut sein Glas, wendet sich an seine Mutter, indem er sich für sein wunderbares Leben mit ihr bedankt, faltet seine Hände und kniet nieder, um ein Gebet zu sprechen. Ich bin völlig verwirrt, falte sicherheitshalber auch meine Hände und murmle etwas Unverständliches als Zeichen meines Respekts. Was für ein Kauz dieser Mann doch ist, aber bei allem sehr sympathisch! Er scheint wirklich in Frieden zu leben mit sich und all den Menschen um ihn herum, für die er der *Padrone* ist und denen er Arbeit gibt. Vielleicht erkenne ich nur einfach die inneren Werte dieser

Frau nicht und müsste sie durch seine Augen sehen. Viel Appetit habe ich nicht mehr, als er endlich aufsteht und uns »Buon apppetito« wünscht. Wenn die Dame mir doch wenigstens nicht beim Essen zusehen würde. Auch Bruno scheint etwas geistesabwesend zu sein, denn er reagiert nicht auf meine versteckten Zeichen. Ich würde so gerne wissen, wie er dieses Bild findet.

Der Thron, auf den ein italienischer Mann seine Mutter setzt, kann nie hoch genug sein. Sie mag in ihrer Aufgabe als Mutter noch so inkompetent sein, er wird es nie zugeben. Wir in Deutschland sehen unsere Eltern nicht so verklärt, spätestens in den sechziger Jahren fing die Jugend an, die Gesellschaft zu kritisieren und somit auch die Eltern. Wir nannten unsere Eltern beim Vornamen und wollten uns mit ihnen auf eine Ebene stellen. Dies war schwierig für beide Seiten. Diskussionen waren an der Tagesordnung, und man musste seine politische Haltung verteidigen. Wehe dem, der kontrovers dachte. In dieser Zeit brachen viele Familien auseinander. Aber es barg auch neue Chancen.

Undenkbar ist für mich diese für meine Begriffe verlogene Haltung einer Mutter gegenüber. Ich bin zweifache Mutter und könnte es nicht ertragen, von meinen Kindern unkritisch vergöttert zu werden. Aber hier scheint die Zeit stehengeblieben zu sein. Für Bruno, so glaube ich, ist diese Verehrung ganz normal, niemals habe ich ihn ein ungutes Wort über seine Mama sprechen hören.

Während ich meinen Gedanken nachhänge und lustlos auf dem kalten Essen herumkaue, haben sich Bruno und der Marchese in eine politische Diskussion verstrickt. Ich kann ihr nicht folgen, geschweige denn eine eigene Meinung einbringen. Gerne würde ich mich beteiligen, aber ich bleibe außen vor, so wie schon in den vorangegangenen Tagen. Wie wichtig es ist, verschiedene Sprachen zu sprechen, wird mir wieder einmal bewusst, und ich ärgere mich, nie die Zeit investiert zu haben, diese schöne, aber auch schwierige Sprache gut zu erlernen. So bedeutet es jedes Mal einen Rückzug für einen von uns beiden. Bei Bruno in Deutschland und bei mir in Italien. Wichtige partnerschaftliche Entwicklungen gehen dabei verloren, und man resigniert in Stummheit, da man dem anderen nicht vermitteln kann, was einen bewegt. Für tiefgehende Offenbarungen braucht man die Muttersprache, alles andere bleibt im Versuch stecken.

Sei es nun, weil ich mich ausgegrenzt fühle oder weil mir das heiße Bad in der Badewanne der Madame de Valdes in die Glieder gefahren ist, ich bin todmüde. Mir ist auch leicht schwindelig, was ich auf den Geruch der Mottenkugeln, der diesem opulenten Bademantel entströmt, zurückführe.

Wie nur kann ich mich verdrücken, ohne dabei den Hausherrn zu kompromittieren? Ich warte eine kleine Weile, um mich in ein Gedankenloch der beiden einzuklinken.

»Ich bin hundemüde, ich möchte mich gerne verabschieden, bitte erfinde etwas, damit ich gehen kann«, wende ich mich an Bruno. Oje, hoffentlich hat er das verstanden! Sicherheitshalber klappe ich ein paarmal die Augendeckel zu, um zu signalisieren, dass ich müde bin. Irgendwie hat er wohl kapiert, was ich möchte, denn er erklärt unserem Gastgeber, wie *stanca* die Signora ist und dass sie sich ein wenig *male* fühlt.

Der Marchese darauf in entzückendem Deutsch: »Ick vastehe, und wir wolle alle nickte, dass fallen der Signora ihre Kopfe in Teller.«

Die Legende vom Granatapfel
Bruno

»Das ist ja mal eine gute Nachricht, Maurizio! Es müssen insgesamt drei Gepäckstücke sein. Mein Koffer, Juttas Koffer und ein in Noppenfolie eingeschweißtes Paket. Aber pass auf, das musst du wirklich vorsichtig behandeln, denn es ist zerbrechlich. Du musst gleich doppelt achtgeben. Es ist dein Geschenk! Ja, ja, uns geht es gut. Wir sind ein bisschen müde, aber das erzählen wir dir alles morgen, wenn wir uns sehen. Speicher vorsichtshalber mal die Nummer ab, die du jetzt auf dem Display hast. Das ist die Handynummer von Marchese Valdes. Ja, ich rufe dich gerade von unterwegs aus seinem Pferdetransporter an … Nein, na ja, das erzähle ich dir später, wir sind auf zwei Eseln geritten … Das ist eine lange Geschichte … Wir übernachten bei ihm, ja … Sehr, sehr nett … Ja, ich werde es ihm ausrichten, aber ich glaube nicht, dass er Zeit hat. Auf jeden Fall wird er uns ein Fahrzeug leihen, damit wir nach Gesturi kommen … Was? Ich bitte dich, keine Angst, wir werden gleich nach dem Frühstück aufbrechen. Es sind doch nur gute zwanzig Kilometer, oder? Das werden wir doch in einer halben Stunde schaffen … Die Trauung beginnt doch erst um zwölf. Nur die Ruhe, Maurizio. Kümmere du dich um deine Sachen. Wir fahren vorher bei Giulias Eltern vorbei, um die Trauringe zu holen und uns umzuziehen … Sagen wir mal, wir sind dann so um elf da. Maurizio, bitte mach du dir nicht auch noch Sorgen! Ich hab dir doch gesagt, es ist alles in Ordnung! Und wie geht es Giulia? Und dir, altes Haus? Mit wem feierst du denn deinen Junggesellenabschied, hmm? O ja, die ›Freunde‹ möchte ich sehen. Oder sollte ich besser ›Freundinnen‹ sagen? Schon gut … Amüsiert euch … Ja, ich grüße sie von dir … Ganz bestimmt. Bis morgen, Maurizio. Ciao, ciao.«

Nachdem wir das Anwesen erreicht haben, fängt der Marchese sogleich an, uns über seine Familiengeschichte zu unterrichten.

»Valdes ist ein für Südsardinien typischer Nachname und ursprünglich spanisch, wie Sie bestimmt schon bemerkt haben. Ich habe ihn von meiner Mutter Giuditta geerbt … Ach, Jutta ist ja eine deutsche Variante des Namens meiner Mutter, Gott hab sie selig … Ist das nicht seltsam? Ich habe lieber ihren Nachnamen angenommen, weil er hier verbreiteter ist. Ihre Familie kam aus dem Fürstentum von Asturien im Norden Spaniens, aber möglicherweise floss bereits italienisches, vielleicht ligurisches Blut in ihren Adern. Die Ärmste, sie ist erst vor einem Jahr gestorben. Seitdem lebe ich hier allein mit meinen Hunden, meinen Pferden, dem Stallknecht und der legendären Lenardedda, meiner Haushälterin, die Sie gleich kennenlernen werden. Mein Vater war ein Fernando Sanchez, ein Nachfahre jener Eleonore d'Albuquerque, Tochter des Infanten Sancho Alfonso von Kastilien, Graf von Albuquerque, und von Beatrix von Portugal und Gemahlin von König Ferdinand dem Ersten von Aragon …«

Während wir den weitläufigen zentralen Innenhof betreten, kann ich ein Gähnen nicht unterdrücken, das ich sofort mit einem höflichen Lächeln zu kaschieren versuche, aber Jutta folgt sofort meinem Beispiel mit einem noch längeren Gähnen.

»Verzeihen Sie bitte, Don Geraldo, Ihr Haus ist wunderschön, aber wir sind doch recht müde«, entschuldige ich mich bei ihm, tatsächlich fühlt sich mein Mund so rau und trocken wie Schmirgelpapier an, ich langweile mich und bin hungrig.

»Aber das verstehe ich nur zu gut! Willkommen in meinem bescheidenen Heim. Lenardedda, wir sind es. Komm her, meine Liebe, ich stelle dir meine neuen Freunde vor, Signora Speidel und Dottore Maccallini. Bitte, richte ihnen doch das Gästezimmer her. Hast du schon das Bad eingelassen? Sehr gut … Bruno, lassen Sie sich ruhig Zeit, das Abendessen wird frühestens in einer Stunde serviert.«

»Vielen Dank, Marchese, aber das war doch nicht nötig. Wir sind auch mit einem Teller Suppe zufrieden …«

»Aber ich bitte Sie, Suppe! Es gibt Ravioli mit Artischocken und Safran und ein gutes Stück Schafsbraten! *Muy bien*, Lenardedda, begleite die Herrschaften nach oben …«

»Ich dusche nur schnell und bin gleich wieder bei Ihnen, Marchese«, sage ich.

»*Perfettu*, dann zeige ich Ihnen den Weinkeller, und Sie können *l'olio noeddu*, das neue Öl, verkosten …«

Ehe wir die herrschaftliche Treppe in den zweiten Stock hinaufgehen, gibt uns Lenardedda Filzpantoffeln, damit wir den wunderschönen gebohnerten Fußboden nicht schmutzig machen, aber vor allem nicht darauf ausrutschen. Sie ist eine von diesen Hausdamen, wie man sie heutzutage eigentlich nicht mehr findet, und sorgt nicht nur für den Marchese, sondern schmeißt den gesamten Haushalt. Sie wirkt mürrisch und verärgert, würdigt uns keines Blickes und spricht die ganze Zeit kein einziges Wort. Jutta meint, dass sie so eifersüchtig über ihren Herrn wache, dass sie der ganzen Welt misstraue. Mit offensichtlichem Unwillen öffnet sie die Tür zu unserem Schlafgemach. Von dem Geruch, der uns entgegenschlägt, könnte einem übel werden, und das ist noch milde ausgedrückt. Es riecht abgestanden, darüber ein leichter Schimmelgeruch von dem Stapel alter Bücher auf dem Nachttischchen. Und dazu die Feuchtigkeit, die aus der Gewölbedecke mit dem Familienwappen austritt. Lenardedda lässt die Hand auf dem Türgriff liegen und bedeutet uns einzutreten. Das Parkett ächzt unter unseren Füßen, ein Hund bellt in der Ferne, wir entdecken ein vergilbtes altes Schwarzweißfoto von einem kleinen Kind mit laufender Nase, das fünf Kerzen auf einer Torte ausbläst, und auf dem Bett liegen der Schlafanzug und das Nachthemd, die wer weiß wie viele Jahre in einem Schrank mit Mottenpulver eingelagert waren. Juttas Gesicht hat sich zu einer Grimasse verzerrt. Lenardedda lehnt die Tür an und geht. Im Bad riecht es zwar ziemlich streng nach Mückenkerzen, dafür ist die Badewanne voller Schaum. Der Hahn in der Duschkabine ist völlig verrostet, und ich habe Mühe, ihn aufzudrehen. Als es mir schließlich gelingt, ist das Wasser natürlich erst einmal gelb, und ich muss es eine Weile laufen lassen. Dafür finde ich ein schönes neues Stück Seife, zwei Handtücher aus Leinenbatist für das Bidet und zwei große Frotteeduschtücher, die zusammengefaltet neben dem Waschbecken liegen. Schade, dass sie so nach Mückenmittel riechen! Ich habe zwar einen Dreitagebart, aber ich möchte mich erst morgen früh rasieren. Daher dusche ich nur kurz und trockne mich eilig ab, schlüpfe in den Bademantel aus Waffelpikee mit den ineinander verschlungenen, handgestickten Initialen »GV« und überlasse Jutta ihrem warmen Bad. Es muss ihr wohl wirklich guttun und sie entspannen, denn ich habe schon seit zehn Minuten keine Klagen mehr von ihr gehört. Mit neuer Energie laufe ich die herrschaftliche Treppe hinunter. Auf Höhe des ersten Stockes befinden sich zwei Nischen. In der rechten halten zwei Putten ein Medaillon mit Ahnenporträts, zu meiner Linken entdecke ich ein Gipsrelief von Don Geraldo zu Pferde. Ich fühle mich wie ein König. Und da kommt auch schon der Marchese, um mir voller Stolz sein Haus zu zeigen.

»Meine hochverehrte Mutter erzählte mir immer, dass ihre Urururahnin, die einige umstrittene Liebesaffären mit verschiedenen jungen Liebhabern hatte, in Vollmondnächten mit ihrem jeweiligen Auserwählten in den Keller hinabstieg und hier ihre Leidenschaft auslebte ... Selbstverständlich ohne das Wissen ihres Gatten, der auf Reisen war. Doch die edle Dame gab sich nicht jedem hin. Der Auserwählte musste einen Granatapfel verspeisen können, ohne dass ein einziger Kern zu Boden fiel. Erst dann belohnte sie ihn mit ihrem reichen Schatz. Diese Geschichte heißt daher auch die Legende vom Granatapfel. Und das hier ist der berühmt-berüchtigte Weinkeller. Kommen Sie nur, Bruno, ich gehe voran ...«

Nur mit Bademantel und Pyjama ist es ein wenig kühl im Keller, aber nach ein paar Schlucken Vermentino und Cannonau akklimatisiere ich mich. Allerdings nehme ich mir eingedenk des letzten Saufgelages vor, es diesmal nicht zu übertreiben. Die Besichtigung des Weinkellers ist eine hochinteressante Einführung in die modernen Keltereitechniken und eine Reise in Don Geraldos Familiengeschichte.

»Der alte Stuhl, in dem sich die bewusste Ahnin von ihren Liebesabenteuern ausruhte, musste einem Sessel aus dem achtzehnten Jahrhundert weichen. Die Fässer aus rostfreiem Stahl stehen, wie Sie vielleicht bemerkt haben, jedoch keineswegs im Widerspruch zu denen aus Holz. Und das hier in der Mitte ist die alte Drehscheibe, sie steht hier, um uns daran zu erinnern, wie sich damals alles um den Wein drehte. Wer weiß, vielleicht drehte sich die lebenslustige Ururuhnin in einer frühen Form von Lapdance darauf? Probieren Sie doch diesen Vermentino hier ...«

Wir gehen durch einen drei Meter langen Gang zur Ölmühle. Don Geraldo erklärt mir jetzt sämtliche wichtigen Phasen der Ölherstellung, von der Sortierung bis zum Pressvorgang, bei dem man schließlich sein geschätztes *Novello*-Öl erhält. Während er eine Scheibe Carasau-Brot mit einem Löffelchen davon tränkt, fährt er fort:

»Ich möchte Ihnen noch eine Legende über den Granatapfel erzählen ... Folgen Sie mir bitte.«

Nun geht es weiter nach unten, ein Gang mit einer Fassdecke führt in einen weiteren Keller.

»Hier hing früher die *rodda*, das Schweinsrad. In diesem Keller reiften die Würste. Jetzt haben wir einen Holzschuppen daraus gemacht. Aber zu Zeiten der bewussten Ururuhnin war es das Antichambre, in dem die jungen Liebhaber mit den Granatäpfeln übten. Doch ich wollte eine andere Geschichte erzählen: die Legende vom Gespenst einer traurigen Nonne, die nach Aussagen einiger Einwohner von Villamar auch heute immer noch bei Vollmond mit einem Granatapfel hier umgehen soll. Sie basiert auf einer Sage über eine andere Urahnin, die sich in einen jungen Soldaten verliebte. Als der Vater das Liebespaar entdeckte, ließ er den Soldaten unverzüglich umbringen, aber aus Trotz weigerte sich das Mädchen, einen anderen zum Mann zu nehmen, und daher zwang der Vater sie, ins Kloster zu gehen. Das junge Ding starb aus Gram, aber ihr Geist versucht immer noch, in den Gemäuern des Familienguts Frieden zu finden.«

»Hoffentlich hat sie noch niemand wirklich gesehen ...«

»Ich bestimmt nicht, lieber Freund, aber Lenardedda schon. Zumindest behauptet sie das ...«

»Das hätte ich mir ja denken können ...«

»Wie meinen Sie das?«

»Ich möchte Sie ja nicht beleidigen, Marchese, aber diese Frau scheint mir für solche Geschichten empfänglich ...«

»Ja, sie ist tatsächlich etwas naiv. Aber Lenardedda ist bestimmt nicht dumm. Außerdem ist sie nicht die Einzige, die meint, das Gespenst gesehen zu haben. Auch meine alte Mutter sagte, dass sie ihm in einer Sommernacht begegnet ist ... Aber das ist schon viele Jahre her. Nun, wie ist das *olio novello*?

»Wirklich ausgezeichnet, ein Öl mit einem intensiven und lang anhaltenden Duft.«

»Das freut mich, kommen Sie ... Gehen wir wieder nach oben. Das Abendessen dürfte jetzt serviert werden.«

Ich schäme mich beinahe, wenn ich Ihnen nun aufzähle, was sich alles auf dieser Tafel türmt: ein großartiger Tafelaufsatz aus dem achtzehnten Jahrhundert mit kreisförmig angeordneten Schalen und wunderbaren Putten aus Biskuitporzellan, zwei Kandelaber rechts und links sowie silberne Brotkörbchen, das Meisterwerk eines Goldschmieds aus Iglesias, das aus England stammende Besteck, ebenfalls aus Silber, Kristallgläser, auf denen Jagdszenen eingeschliffen sind, Teller und Unterteller aus altem Porzellan mit dem klassischen blauweißen Muster aus Cagliari und den unverwechselbaren Goldinitialen »GV« in der Mitte. Schließlich an beiden Enden der Tafel für uns Gäste aufgestellte Stühle und der Sessel mit merkwürdigem Flammenschnitzwerk in der Lehne für den Marchese vor dem Kamin. Von meinem Tischende sehe ich auf ein Stillleben mit einem toten Pfau an der Wand, dessen Kopf auf einen Korb mit Granatäpfeln weist. Jutta blickt auf ein wesentlich erschreckenderes Bild, ein Porträt von Donna Giuditta Valdes. Lenardedda kommt langsam mit einer riesigen dampfenden Suppenschüssel aus der Küche. Zum ersten Mal hören wir ihre schrille Stimme:

»ES IST SERVIERT!«

Während der Marchese eine endlose Eloge auf seine verstorbene Mutter hält, kann ich meinen Blick gar nicht mehr von dem Gemälde lösen. In meinem Kopf entspinnt sich langsam ein Film, dessen Hauptfigur eine Adlige aus Aragonien ist, die nach einem zügellosen Leben im Luxus von ihrem Vater, einem Gutsbesitzer aus Villamar, ins Kloster gezwungen wurde. Dort verbrachte sie die letzten zwanzig Jahre ihres Lebens in absoluter Einsamkeit, um für ihre Sünden zu büßen. Sie meditierte und fügte ihrem Körper unsägliche Martern zu, und schließlich starb sie an innerem Fieber. Eines Tages spross unter den vielen Pflanzen, die die Erde rund um ihr Grab wachsen ließ, ein Granatapfelbaum. Dessen unzählige Samen, so leuchtend rot wie kostbare Rubine, die ein Symbol für ein blühendes Leben sind, gaben nicht nur Frauen, die keine Kinder mehr bekommen konnten, die Fruchtbarkeit zurück, sondern konnten die weibliche Lust verlängern. So wurde dieses Grab zu einem beliebten Pilgerort, vor allem für die Frauen aus dem

Campidano, aber auch für viele Menschen aus anderen Städten und Grafschaften des Königreichs. Irgendwann bemerkten die Ehemänner, dass auch andere Männer von den Wohltaten dieses Baumes profitierten, und da sie die Affären ihrer Gemahlinnen nicht mehr dulden wollten, beschlossen sie einstimmig, einen Pfau als Wächter dieses Grantapfelbaums einzusetzen. Mit seinem stolzen Blick sollte er von nun an das ständige Hin und Her unterbinden. Seit der Antike hatte dieses Tier sich als unerbittlicher Schlangenjäger hervorgetan, so dass man allgemein annahm, es würde die typischen bunten Farben seiner Schwanzfedern durch Aufnahme des Schlangengifts erhalten. So wurde der Pfau nun der Beschützer der unglückseligen gebrochenen Herzen. Auch Bruno war so ein junger Ehemann, und jemand hatte sich in den Kopf gesetzt, sein Liebesleben zu stören, indem er Jutta den Hof machte, seinem wunderschönen Weib, das sich gemeinsam mit ihm auf den Weg zum Grabmal der adligen Nonne gemacht hatte. Seit diesem Tag wurde sie von einem Jüngling aus Cagliari umworben. Zunächst wies sie sein Ansinnen zurück, doch dann folgte sie ihren niederen Instinkten und schließlich den berückenden Blicken des jungen Mannes, der sich bald als äußerst gefährlicher Liebhaber erwies. Als sie eines Tages mit ihm wieder zu dem alten Grabmal pilgerte, um erneut von dessen kostbaren Samen zu naschen, stand der Frau auf einmal ein riesiger Pfau gegenüber. Um die Lüsternheit der beiden zu bestrafen, fächerte dieser seinen Schwanz auf und schüttelte von seinen bunten Federn Gift in die Luft, womit er die beiden sündigen Ehebrecher vertrieb.

»Liiiebling, wo bist du denn wieder mit deinen Gedanken? Komm mal wieder auf den Boden zurück …«, ruft die einzig wahre Jutta.

Ich kehre ganz plötzlich in die Wirklichkeit zurück, doch dann gelingt es mir, mich an dem Gespräch zu beteiligen, da ich doch – zwischen Pfau und Granatapfel – die eine oder andere Bemerkung aufgeschnappt habe.

»Aaaach, wissen Sie, ich habe gerade gedacht, dass Safran und neues Öl ihr Tod sind.«

»Was, von den Ravioli?«

»Genau, von den Ravioli und allen Liebhabern.«

»LIEBHABER?! WAS FÜR LIEBHABER?«, fragen Jutta und der Marchese im Chor.

»Liebhaber ... äh ... der guten sardischen Küche.«

»AAACH SOOO!«, meint Jutta.

»Guten Appetit, meine Lieben. Es ist mir immer wieder ein Vergnügen, Gäste im Haus zu haben«, beendet der Marchese das Thema.

Ich seufze erleichtert auf. Glücklich taucht meine Gabel in eine wunderbar luftige Artischockencreme.

Giudittas Traum
Jutta

Zurück in unserem Schlafzimmer, bin ich erst einmal glücklich über die herrliche Luft, die zwischenzeitlich durch die offenen Fenster hereingeströmt ist. Zu gerne würde ich bei geöffneten Fenstern schlafen, denn ich befürchte, dass das Naphthalin, das wohl in allen Schränken versprüht wurde, mich ersticken wird. Bruno bekommt aber immer eine Krise, weil er Angst hat zu erfrieren.

So gilt es mal wieder, einen Kompromiss zu finden, mit dem wir beide leben beziehungsweise schlafen können. Ich ziehe die Fensterflügel heran, so dass in der Mitte ein Spalt offen bleibt, und ziehe drei Viertel der Vorhänge zu, dann hänge ich den Bademantel zurück in einen Schrank, der voller altmodischer Damenbekleidung ist. Neugier packt mich, ich muss diese alte Dame näher kennenlernen!

Vornehmlich dunkel ist ihre Garderobe, die fein säuberlich mit jeweils einem Papierstreifen am Kleiderbügel versehen ist, der diesen ekligen Geruch verbreitet. Ich nehme eines der Kleider heraus und stelle fest, dass die Mutter von Signor de Valdes mindestens ein Meter fünfundachtzig groß gewesen sein muss. Auch ihr Leibesumfang war nicht zu verachten. Besonderen Wert scheint sie jedoch auf Spitzen und Rüschen sowie gestickte Blümchen und zart Mädchenhaftes gelegt zu haben, auch um die Strenge ihrer Kleidung etwas aufzuheben. Wie meinte ihr Sohn? Ihr internationaler Modegeschmack war legendär? Ich lache laut auf, diese Verklärung ist wirklich bewundernswert.

In einem Regal befinden sich brav aufgereiht die Schuhe von Madame. Neben den praktischen flachen Tretern in U-Boot-Größe fällt auch hier ihr Hang zum Grazilen auf. In einem Schrank hängen Blusen über Blusen, von zartrosa über creme bis hellblau, alles, was das Herz begehrt. In der Schublade liegen diverse Handschuhe und Schals. Selbst Strümpfe finde ich und frage mich, was das soll. Sicherlich ist die alte Dame schon lange tot, und hier wird etwas konserviert, was einzig der Ernährung von Ungeziefer dient.

Da ich weit und breit keine Anzeichen von einer Ehefrau, geschweige denn Kindern gesehen habe, wird es mit dem Nachlass des Marchese nach seinem Ableben genauso gehen. Alles wird fein säuberlich aufgehoben, damit die Geister der beiden sich nachts verkleiden können.

Kopfschüttelnd öffne ich ein schmales Schränkchen, um es erschrocken gleich wieder zu verschließen. Hab ich richtig gesehen, stehen darin einige Flinten? Vorsichtig öffne ich erneut das Türchen, und richtig, da lehnen drei Gewehre unterschiedlicher Größe an der Rückwand! Und jede Menge Munition liegt in einer Schachtel daneben. Wahnsinn, wie fahrlässig! Wozu brauchte sie im Schlafzimmer Waffen? Musste sie sich verteidigen, weil ihr die Liebhaber auf den Leib rückten? Oder hat sie von hier oben aus mit Schüssen ihr Personal dirigiert? Mir wird zunehmend mulmig. Beklommen schließe ich den Schrank und setze mich auf das Bett. Soll ich jetzt hinuntergehen und darauf bestehen, dass wir, egal wie spät es ist, augenblicklich zu Brunos Verwandtschaft fahren? Andererseits bin ich kein Hasenfuß und neige auch nicht zu Hysterie.

Also, was soll's! Falls ein böser Feind kommt, schieß ich ganz einfach, Munition ist ja genug da!

Gottlob scheint die Bettwäsche nicht in Naphthalin getränkt zu sein, sie riecht erträglich, auch das Nachthemd geht einigermaßen. Aber riesig ist es, und ich könnte Bruno gut mit hineinstecken. Während ich in dem weichen, leicht durchgelegenen Bett versinke und darüber nachsinne, ob es Zufall oder Bestimmung ist, dass wir beide quasi denselben Namen tragen, muss ich wohl eingeschlafen sein ...

So weit das Auge reicht, sehe ich grün. Auf dem Hügel, auf dem ich mich befinde, gibt es keine Lebewesen. Ein altes Kettenkarussell dreht sich auf seinem höchsten Punkt. Die Sitze des Karussells sind unterschiedlich. Einer erinnert an einen ausgehöhlten Schwan, ein anderer hat nur zwei Fußstützen und ähnelt einer Schlange. Ein dritter wiederum ist ein umgedrehtes Boot, auf dem man sich nicht festhalten kann. Dann gibt es noch einen Schaukelsitz, mit einer Stange aus Glas. Ich sitze festgebunden auf einem Sitz, der wie der Rücken eines Esels aussieht, nur dass er zwei Köpfe hat, die in entgegengesetzte Richtungen schauen. Ich kann mich nirgends festklammern, denn sobald ich es versuche, beißt mich einer der Köpfe in die Hand. Das Karussell dreht sich und dreht sich. Aus der Säule in der Mitte des Karussells ertönt ein Glöckchen. Eine Frauengestalt, furchterregend hässlich und gefährlich, erscheint. Sie beginnt zu sprechen. »Du allein entscheidest über dein Schicksal. Hier ist die erste Aufgabe. Wenn du den Tee aus dieser Tasse nach zwanzig Minuten allein durch deine Zungenbewegung in deinen Mund befördert hast, wie Ziegen es tun, schnalle ich dich los, und du darfst zum nächsten

Sitz springen.« Das Karussell dreht sich immer schneller. Woher weiß ich nur, wann zwanzig Minuten vorüber sind? Die Gestalt scheint zufrieden zu sein, denn wie durch Zauberhand lösen sich meine Fesseln. Ich fliege durch die Luft und lande weich auf dem nächsten Sitz. Wieder taucht das Gesicht auf.

»Hier nun deine zweite Aufgabe. Du musst in das Boot hineinklettern und zwanzig Runden drehen.« Das Karussell dreht sich und dreht sich. Mit meinen Händen taste ich den Rumpf des Bootes ab. Boote haben verschlossene Öffnungen, durch die man eingesickertes Wasser gegebenenfalls ablaufen lassen kann. Ich spüre eine kleine Kerbe, und siehe da, problemlos lassen sich Teile der Holzplanken entfernen. Ich schlüpfe durch, und meine Hände halten sich am Rand des Bootes fest. So drehe ich zwanzig Runden.

Plötzlich kann ich mich nicht mehr halten und falle. Ich sehe die Schaukel unter mir. Meine Hände greifen nach ihr. Das zarte Glas knackt, als ich mich daraufsetze. Wieder ertönt das Glöckchen.

»Gut gemacht, kleine Giuditta, nun deine dritte Aufgabe«, sagt das Gesicht. »Schlag mit der Schaukel zwanzig Purzelbäume.«

Ich beginne kräftig nach vorne und zurück zu schaukeln, immer vorsichtig, damit der Glassteg unter mir nicht bricht, bis ich endlich zum Überschlag komme. Kaum hab ich mich einmal überschlagen, zieht mich ein Sog nach unten, dann katapultiert er mich nach oben, und ich schlage einen Purzelbaum nach dem anderen. Es geht so schnell, dass ich die Orientierung verliere und nicht mitzählen kann.

»Warum schreist du denn so? Ich bin hundemüde und will schlafen!« Dann dreht sich die Stimme um, und das Bett wabert, als ob es ein Erdbeben erschüttert hat. Kurz darauf macht die Stimme »kkkkrrrrrzzzzzzt«.

Noch einmal sage ich mein Versprechen auf und füge ein »liebe Giuditta« hinzu, bevor ich mich in die Löffelchenstellung rolle, um traumlos den Rest der Nacht weiterzuschlafen.

Die spanische Invasion
Bruno

Jutta ist schon schlafen gegangen. Die Stimmung bei Tisch war heiter und gelöst. Unnötig zu erwähnen, wie köstlich das Essen war. Höchstens am Dessert hätte ich etwas zu kritisieren: Tiramisu mit Granatapfelkernen!! Dafür habe mich beim Trinken zurückgehalten und nur ein Gläschen roten Myrtenlikör für die Verdauung angenommen. Nun würde ich mich auch nur zu gern ins Bett verabschieden, aber ich kann den Marchese nicht allein sitzen lassen, der anscheinend noch ein wenig unterhalten sein möchte. Wir ziehen nach nebenan in die Bibliothek, wo mir Don Geraldo seine wertvolle Sammlung alter Bücher und Handschriften zeigt. Vor allem interessiert er sich für Ahnenkunde, Heraldik und Heimatgeschichte. Er hat selbst zahlreiche Schriften veröffentlicht, gibt daneben Studien regionaler Autoren heraus und beschäftigt sich selbstverständlich auch mit der Geschichte seiner Familie, deren soeben fertiggestellten illustrierten Stammbaum er mir ganz stolz zeigt. Ich muss gestehen, dass im Familienzweig von Fernando Sanchez Rodriguez die schöneren Porträts zu finden sind, während es bei den zahlreichen Del Carmen d'Alagona Valdes im besten Fall vor Höcker- und Hakennasen nur so wimmelt. Und je weiter ich zurückgehe, desto häufiger stoße ich auf schiefe Münder, Segelohren und hervortretende Augen. Alles in allem ist das Schicksal sehr gütig zum Marchese gewesen, der außer Nachnamen und einem Leberfleck am Hals fast nichts von der mütterlichen Seite geerbt hat. Und in diesem Moment gewährt mir der Hausherr auch einen Einblick in seinen großen Sinn für Humor. Ich sehe, dass der Marchese neben jedem Namen auf dem Stammbaum einen Spitznamen notiert hat, damit er sich besser an ihn erinnert. Für die beiden wichtigsten Familienzweige, also die Fernando und die d'Alagona, greift er auf die Welt der Ducks und der Simpsons zurück. Der Urahn Joaquin Fernando heißt dort Onkel Dagobert (und eine seiner Großmütter, Almundina, Oma Duck, ihre drei Enkel Raimund, Ignacio und Dolores sind Tick, Trick und Track), dann stehen auf der anderen Seite der Familienlinie die Fürsten Isabella d'Alagona und Manuel Valdes oder besser gesagt Abraham und Mona (und weiter unten dann ihre Kinder Edmundo und Cristiano alias Herb und Homer). Doch abgesehen von Familienkunde und solchen Scherzen gibt mir der Marchese einen erhellenden Überblick über die spanische Invasion und den Aufstieg der aragonischen Königsdynastie in Sardinien. Alles begann, als der damalige Papst Bonifatius der Achte, der mit dem antikatholischen Verhalten der Sarden unzufrieden war, 1296 beschloss, Sardinien dem aufstrebenden Königshaus von Aragon als Lehen zu übergeben, einem Reich, das ein getreuer Diener der heiligen römischen Mutterkirche war. Der König von Aragon erhielt sofort den Titel eines Königs von Sardinien, aber es gingen erst sechsundzwanzig Jahre ins Land, bis er diese Herrschaft ausüben konnte. Die günstige Gelegenheit ergab sich mit dem Ende des Bündnisses zwischen den Pisanern und dem Judikat von Arborea, das es damals beherrschte. Die Eroberung begann 1323. Die Aragoner besiegten die Pisaner mit Hilfe des Judikats von Arborea ein Jahr später. Das stets angespannte Bündnis zwischen den beiden Reichen zerbrach bald, und danach begann für beide Seiten eine lange Periode von Kriegen. Ihre Nachkommen bekämpften sich mit unterschiedlichem Erfolg (vielleicht waren darunter ja auch Gustav Gans, Donald Duck, Primus von Quack oder Bart Simpson …) bis 1478, als das Haus Aragon dort die alleinige Herrschaft übernahm. Und die dauerte bis 1714!

»Ich frage mich, wie viel Spanisches im Charakter und in der Kultur dieses Landes steckt?«

»Überhaupt nichts. Lieber Freund, ich bin hier auf Sardinien geboren. Das ist die Gegend, die mit der höchsten Zahl von über Hundertjährigen das wertvolle Geheimnis eines langen Lebens bewahrt. Wussten Sie das? Und doch kann ich Ihnen versichern, dass meine Vorfahren, wie die Römer, die Araber und die Byzantiner, mit dieser Zähigkeit nichts zu tun haben. Und genauso wenig mit dem Charakter der Sarden und ihrer Kultur. Sarden sind Sarden. Schon immer gewesen. Und all diese Eroberer haben diese grundsätzliche Unveränderlichkeit ermöglicht, die Sie in den Orten und bei den Menschen bemerkt haben. Das Geheimnis verbirgt sich nicht hinter den Knollennasen oder den hervorquellenden Augen, o nein … Das Geheimnis liegt in unseren ungebrochenen und stolzen Herzen. Es liegt darin begründet, dass sich das Volk dieses Landes, mein Volk, niemals fremden Einflüssen geöffnet hat. Deshalb wird dieses Land Paradisola genannt, weil man gleich bei der Ankunft das Gefühl hat, in einem ursprünglichen Land mit ganz authentischen Menschen gelandet zu sein. Und es spielt keine Rolle, warum das so ist. Sie sind zum Beispiel zur Hochzeit Ihres Vetters gekommen, und das Schicksal hat Ihnen ein paar unvorhergesehene Eindrücke schenken wollen, eine Extratour, eine Überraschung nach der anderen. Sie sollten sich darüber freuen. Ach, was sage ich! Unglaublich glücklich sollten Sie sich schätzen! Sie haben mehr erlebt, als Sie je gedacht hätten. Was glauben Sie denn, was Ihnen alles entgangen wäre, wenn es keine Demonstration am Flughafen gegeben hätte? Sie machen gerade eine wunderbare Erfahrung. Und das wissen Sie auch! Da haben Sie später etwas zu erzählen. Noch etwas Myrtenlikör?«

»Vielen Dank, vielleicht noch einen Schluck ... Ich werde meinem Vetter auf ewig dankbar sein.«

»Darf ich Ihnen noch ein paar Zeilen vom großen Fabrizio De André vorlesen, ehe wir zu Bett gehen?«

»Mit größtem Vergnügen, diesen *cantautore* schätze ich ganz besonders ...«

»*Das Leben in Sardinien ist vielleicht das Beste, was ein Mensch sich wünschen kann: Vierundzwanzigtausend Kilometer Wald, Landschaft und Küste, die an ein wunderschönes Meer grenzen, das müsste doch das sein, was man Gott empfehlen kann, uns als Paradies zu schenken.*

Auf dein Wohl, Bruno!«

»Auf deines, Geraldo!«

4. TAG – SONNTAG

Aufbruch nach Gesturi
Jutta

Mein Rücken, mein Hals und mein Schulterbereich sind völlig verspannt, als ich aufwache. Was für ein idiotischer Traum! Während ich versuche, mich zu orientieren, und meine Augen langsam öffne, wird mir schwindelig. Auch ist mir leicht übel. Ich drehe mich auf die Seite, um langsam den Morgen in mir ankommen zu lassen. Sicherlich habe ich mich in der Nacht tausendmal herumgedreht und spüre deshalb die Verspannungen. Dieses Bett ist aber auch schrecklich für zwei Menschen. Es ist durchgelegen, und man kullert automatisch in der Mitte zusammen. Das mag ja manchmal ganz schön sein, aber nicht, wenn man einen erholsamen Tiefschlaf braucht. Das Nachthemd hat sich um meinen Leib gewickelt, und immerzu drückte mich eine Falte. Dazu diese blöden Spitzen, die entweder im Gesicht kitzeln oder sich zusammenwurschteln und aufs Schlüsselbein drücken. Mein Gott, ich bin wie gerädert, dabei hatte ich mich doch so auf ein richtiges Bett gefreut. Fast möchte ich sagen, dass der Nuraghe bequemer zum Schlafen war als diese von pikenden Sprungfedern unterlegte Lottermatratze. Plötzlich wird mir klar: ES IST DAS BETT DER ALTEN!!!!

Kein Wunder, dass ich einen Alptraum hatte! Wer weiß, vielleicht ist sie sogar darin gestorben!!!

Ich will nur noch raus aus diesem Bett, aus diesem Zimmer, aus diesem Haus! Meine Hände packen Brunos Schultern, und ich rüttle ihn wach.

»Bitte steh auf, Schatz, ich halte es hier nicht länger aus, lass uns sofort verschwinden, hier gibt's böse Geister.«

Bruno, der bislang eine hohe Meinung von meinem geistigen und seelischen Zustand hatte, ist verwirrt. Verschlafen sieht er mich an.

»Wie spät ist es denn? Leg dich noch mal hin, ich muss noch zu Ende schlafen, hab grad so was Schönes geträumt.« Damit rollt er sich wieder ein.

Weiterschlafen geht für mich überhaupt nicht, also steige ich aus den Federn, laufe zu den Fenstern, schiebe alle Vorhänge beiseite und öffne weit die Flügel, um das Morgenlicht mit seinem feuchten Tau hereinzulassen. Nachdem ich meine Lungen mit wohltuendem Sauerstoff vollgepumpt habe, geht es mir ein wenig besser. Ich lehne mich aus einem Fenster, um die Umgebung zu inspizieren. Vor mir liegt ein herrlicher Park. Auf sattem Grün stehen vereinzelt Zypressen und andere Gehölze, kleine Kieswege schlängeln sich zu einem Pavillon, in dem ich eine Gestalt sehe, die langsame Bewegungen ausführt. Was macht der da? Es sieht aus, als ob sich jemand wie in Trance bewegt. Vielleicht praktiziert er Zen, die Kunst des Bogenschießens? Als ich noch am Englischen Garten in München lebte, habe ich oft ganze Gruppen von Menschen gesehen, die sich im frühen Morgenlicht dieser Meditation hingegeben haben. Ich selbst mache seit über zwanzig Jahren Yoga und habe dazu einige Übungen aus dem Qigong übernommen. Zen jedoch ist eine erweiterte Stufe, in die ich bislang noch nicht eingetreten bin.

Da ich neugierig bin, beschließe ich, mich im Bad

fertigzumachen und in meine schmutzigen Klamotten zu steigen. Der Gedanke daran ist zwar wenig erbaulich, andererseits will ich aber dieses Zelt so schnell wie möglich loswerden. Das kühle Wasser erfrischt meine Lebensgeister, und Schritt für Schritt werde ich wieder zur fröhlichen und positiven Jutta. Was für ein Zufall, dass die Alte den gleichen Namen wie ich trägt. Ich bin erstaunt darüber, wie tief mich diese Begegnung beeindruckt hat.

Nachdem ich im Badezimmer ordentlich rumort habe, steht Bruno leicht genervt auf. »Es ist gerade mal acht Uhr vorbei, und wir müssen gegen elf bei Maurizio sein. Wir haben alle Zeit der Welt, Gesturi ist nicht mal zwanzig Kilometer von hier entfernt.«

Zu gerne würde ich jetzt fragen, warum um alles in der Welt er uns nicht gestern Abend mal kurz dorthin gefahren hat, aber da jegliche Diskussion eh zwecklos ist und nur Missstimmung heraufbeschwören würde, verkneife ich es mir. »Brauchst du lange im Bad, oder soll ich auf dich warten?«

»Nein, nein, geh schon mal«, fordert er mich auf, und ich weiß doch, wie es ihn stört, wenn ich um ihn herum bin und ihm das Gefühl vermittle, auf ihn zu warten.

Also schleiche ich leise durchs Haus, hinaus in den Park, in der Hoffnung, dass mich Lenardedda, die sicherlich schon längst in ihrer Küche arbeitet, nicht hört.

Draußen ziehe ich meine Schuhe aus und gehe über den Kiesweg auf das taunasse Gras. Es ist unbeschreiblich schön hier. Fast toskanisch mutet dieses Gut an. Mit weit ausholenden Schritten überquere ich die Wiese und erhole mich zusehends von dieser Nacht. Als ich weit genug gelaufen bin, um das Haus mit Stallungen und Anbauten im Ganzen sehen zu können, drehe ich mich um. Es ist wahrlich beeindruckend. Da ich die Läden unserer Fenster geöffnet habe, ist leicht auszumachen, wo wir geschlafen haben. Alle anderen Fenster sind, wie üblich im Süden, was ich einfach nicht nachvollziehen kann, fest verrammelt. Gut, wenn es im Sommer richtig heiß ist, verstehe ich das ja noch, aber wie man jetzt im Herbst auch noch freiwillig im Dunkeln sitzen kann, wird mir immer ein Rätsel bleiben.

Ich kann Brunos Schatten erkennen, als er vom Bad ins Zimmer geht, und winke. Er sieht mich nicht, er sucht mich ja auch nicht! Ich suche eigentlich immer, wenn ich jemanden für kurze Zeit verlasse. Dann denke ich, er wird gleich irgendwo erscheinen, und diesen Moment will ich nicht verpassen. Ich lasse Menschen nicht gerne warten! Zum einen wurde ich so erzogen, zum anderen steckt es einfach in mir, denn Warten empfinde ich als vergeudete Zeit. Bruno hingegen wartet immer auf irgendetwas. Darauf, dass sich was verändert, dass die Person, die schon lange versprochen hat anzurufen, sich endlich meldet, dass das Meer so warm wird, dass man endlich darin schwimmen kann ... Warten, warten, warten – auf tausendundeine Sache. Ich selbst verabscheue das, lieber springe ich ins zu kalte Meer, als dass ich auf den Genuss zu schwimmen verzichte. Auf mich muss niemand warten. Ich komme dann, wenn es ausgemacht ist. Ich brauche keine Notlügen. Wenn's mal wirklich nicht geklappt hat, sag ich, warum. In Italien glaubt man, den anderen zu beleidigen, wenn man sagt: »Sorry, aber ich hab heut Morgen getrödelt, das hab ich einfach gebraucht.« Nein, es wird herumlaviert und irgendein Mist erzählt, und der andere weiß genau, dass er angelogen wird. Aber das zieht er der Wahrheit vor. Was für ein komisches Volk!

weil man so kurz vorm Ziel festgehalten wird! Minutenlang palavern wir hin und her, was man tun kann, um hier wegzukommen, aber es bietet sich keine Lösung an. Langsam, aber sicher begeben sich die Fahrer wieder in ihre Autos, und die ersten setzen sich in Bewegung. Auch Bruno stellt den Motor an, und siehe da, wir fahren.

Eine Prozession biegt gerade um die Ecke, als wir in das Dorfsträßchen einbiegen, das zur Kirche im oberen Teil von Gesturi führt. Es ist kurz nach halb zwölf!!!

Die Yogastunde
Bruno

Geraldo Valdes ist nicht nur ein versierter Wappenkundler, sondern auch ein Fachmann für »Beklopptenyoga«, im Allgemeinen als »Lachyoga« bekannt. Beim Frühstück zeigt er uns ein Foto, wie er lässig auf einem seiner Pferde sitzt, er wirkt glücklich und zufrieden und seine Wirbelsäule beneidenswert biegsam. So möchte ich auch gern in zwanzig Jahren aussehen! Der Gedanke, vor der Abreise ein wenig Lachyoga zu machen, reizt Jutta eher nicht, obwohl sie fleißig normales Yoga betreibt. Ich hingegen verspüre große Lust, solange das Ganze innerhalb einer halben Stunde erledigt ist. Hauptsache, wir kommen nicht zu spät zur Trauungszeremonie! Auf jeden Fall müssen wir noch im Stall vorbeischauen und uns von unseren beiden Freunden verabschieden. Geraldo fährt am nächsten Dienstag zu einer Viehmesse nach Cagliari und hat sich gern bereit erklärt, Claudio die Esel zurückzubringen. Nachdem er Decken für uns besorgt hat, die wir mit Hilfe des Stallknechts auf dem Boden ausbreiten, erzählt er uns von seiner Liebe zum Yoga und wie diese ganz besondere Variante entstanden ist. Barfuß stellen wir uns zunächst aufrecht hin und atmen tief durch, um unseren Körper mit Sauerstoff zu versorgen und ihn zu entspannen. Dann heben wir die Arme nach oben zum klassischen Sonnengruß. Danach wird gelacht, aber mit Witzeerzählen hat es nichts zu tun. Man muss nur Grimassen schneiden und sich lustig bewegen oder Blödsinn erzählen, beispielsweise einen Bären nachahmen, der sich mit dem Rücken an einem Baumstamm schabt, oder Jutta beim Melken einer Ziege. Mit dem Lachen haben wir keine Schwierigkeiten: Wir müssen uns nur gegenseitig zuschauen, und schon platzen wir los. Zwei Minuten lang wird durchgelacht, dann macht man eine Pause, und danach beginnt man wieder von vorn. Einmal tief durchatmen, Grimasse, lachen ... Atmen, Blödsinn machen, lachen. Und so fort, bis man nicht mehr mag. Da drängt sich mir eine Frage auf, die ich gleich unserem Guru stelle: Wenn Yoga Meditation und Schweigen bedeutet, was hat dieses »Beklopptenyoga« dann mit der traditionellen Form zu tun?

»Nur seinen Namen. Beim Lachyoga ist alles erlaubt, es soll vor allem Spaß machen und hat wenig gemein mit der spirituellen Strenge, die das klassische Yoga verlangt. Deshalb gilt es auch, seit es das gibt, ich glaube seit mittlerweile etwa fünfzehn Jahren, in der ganzen Welt als eigenständige Form.«

Dieses »Beklopptenyoga« kommt auch in manchen Büros zum Einsatz. Marchese Valdes sagt mir nicht genau, wo, aber es wird wohl auf Sardinien für das Personal von einigen Zweigstellen der staatlichen Gesundheitsbehörde angeboten. Zehn Minuten Lachen am Morgen haben den gleichen Effekt auf den Körper wie eine halbe Stunde am Rudergerät und sind außerdem eine Art Gesichtsgymnastik, die Falten mildert. Je mehr ich darüber erfahre, desto neugieriger werde ich. So frage ich ihn, wo und wie Lachyoga entstanden ist. Er erzählt mir von einem amerikanischen Journalisten und Forscher, der seit langem unter Depressionen litt. Dieser Mann schlug nun seinen Ärzten vor, ihm die Filme der Marx Brothers vorführen zu lassen, und bald darauf zeigten sich die positiven Auswirkungen des Lachens, ausgelöst vom subversiven Element in ihrer Komik. Von da an wurde in der ganzen Welt vermehrt über die Genesungskraft eines so natürlichen Heilmittels geforscht. Und so beschloss Geraldo eines Tages nach dem Tod seiner Mutter, den »Lachclub von Villamar« zu gründen, und erfand für diesen Anlass seine eigene Form von Lachyoga, eben das »Beklopptenyoga«, eine Mischung aus scheinbar sinnlosen und absurden, aber tatsächlich äußerst wirksamen Scherzen und Bewegungen. Das Geheimnis besteht darin, sich darauf einzulassen.

Er sagt, wir – also Jutta, der Knecht und ich – sollen uns im Kreis aufstellen und uns an den Händen fassen. So sollen wir einen Kontakt zwischen uns herstellen und eine Art Heiterkeitswirbelstrom erzeugen, mit dem wir uns anstecken können.

»Lachen ist die einzige Hoffnung«, flüstert er uns leise von hinten zu, während er uns umkreist.

»Lachen ist ein großer Zauber, eine wundersame Medizin. Lachen ist Magie hoch zwei. Es gibt so vieles auf dieser Welt, was nicht in Ordnung ist, und so wenig Grund, um mal so richtig von Herzen zu lachen. Man muss nur den Fernseher einschalten: Die Hälfte der Nahrungsmittel, die jedes Jahr auf diesem Planeten erzeugt werden, wird weggeworfen, und gleichzeitig verhungern jährlich zehn Millionen Menschen. Die Bewohner der reichen Industrieländer geben Milliarden aus, um ihren Kindern schöne Kleider zu kaufen, und gleichzeitig sorgt unser supermodernes System der Verstädterung dafür, dass sie so viel Umweltgifte einatmen, als würden sie pro Tag elf Zigaretten rauchen, was ihr Leben um mindestens sechs Jahre verkürzt. Wir könnten die vernichtende Macht von Terrorismus, organisierter Kriminalität, von Steuerhinterziehung und Finanzbetrug unglaublich eindämmen, wenn wir das Bankgeheimnis und die Steuerparadiese abschaffen würden, aber wir tun es nicht. Die menschliche Gemeinschaft ist nicht einmal in der Lage, in einer einstimmigen Erklärung Folter zu verdammen. Die Lage ist nicht gerade optimal. Wir haben also rein gar nichts zu lachen. Na, dann sorgen wir doch selbst für ein bisschen gesundes Gelächter. Seid ihr bereit?«

Als Erstes soll man durch Scherzfragen und Wortspiele die anderen zum Lachen bringen. Der Stallknecht soll zuerst raten.

»Also, du bist ganz allein auf einer einsamen Insel, und es gibt nichts zu essen oder zu trinken. Aber trotzdem hast du keine Angst vor der Zukunft. Du siehst weder Schiffe noch Helikopter noch etwas anderes am Horizont, der Akku deines Mobiltelefons ist leer. Auf dieser Insel gibt es weder Wasser noch essbare Pflanzen oder Tiere. Warum nur hast du keine Angst?«

»Hmm«, antwortet der Stallknecht.

»Aber das ist doch ganz einfach: Du bist auf einer Verkehrsinsel.«

Der Knecht braucht eine Weile, bis der Groschen fällt, aber dann lacht er laut und lange. Jetzt ist Jutta dran.

»Eines Tages willst du nach Cagliari, auf dem Weg dorthin begegnen dir sieben alte Frauen, jede Frau trägt sieben Säckchen und jedes von ihnen enthält sieben Katzen. Wie viele alte Frauen und wie viele Katzen erreichen Cagliari?«

»Sieben«, antwortet Jutta wie aus der Pistole geschossen.

»Oje, oje, Jutta. Keine von denen will nach Cagliari. Wenn du ihnen begegnest, kommen sie doch von dort!«

Jutta braucht auch ein wenig, aber das ist normal;

schließlich muss man ihr die Geschichte ja übersetzen. Und jetzt ich.

»Wenn ein Mann in einer Stunde ein Loch gräbt, wie viele Löcher können dann zwei Männer in zwei Stunden graben? Und wie lange braucht ein Mann, um ein halbes Loch zu graben?«

»Das ist kinderleicht ... Wenn zwei Männer in zwei Stunden vier Löcher graben, braucht einer allein dreißig Minuten, um ein halbes Loch zu graben.«

»Oje, mein lieber Bruno. Das geht überhaupt nicht. Versuch mal, irgendwo ein halbes Loch zu graben, und dann frag jemanden, was das ist. Er wird dir antworten: ›Ein Loch.‹«

Jetzt lache ich auch. Wie ein Idiot, aber ich lache. Es funktioniert wirklich! Geraldo hat recht. Alles kann zu einem Quell der Heiterkeit werden: im Wald spazieren gehen, Rock'n'Roll tanzen, sich an Gummibändern von Brücken stürzen, nachts vor einer Bäckerei stehen und Croissants essen ... und sogar in einer Ape nach Gesturi fahren!

Da Geraldo uns seinen Jeep nicht leihen kann, holt er die kleine Ape aus der Garage. Die Vorstellung, dass ich gleich hinter dem Steuer dieses dreirädrigen Vehikels sitzen werde, gefällt mir, und es ist auch nicht so aufwendig. Geraldo wird sich die Ape dann heute Abend im Parco della Giara abholen, wo der Hochzeitsempfang stattfindet. Fil'e und Ferru stecken ihre Köpfe aus der Box nebenan. Jetzt könnte ich melancholisch werden, aber ich streichle sie nur lächelnd ein letztes Mal.

»Los, noch einen, noch einmal lachen, bevor wir aufbrechen«, meint Jutta.

»Okay! Der Nachtwächter einer großen Firma bittet um einen Termin beim Inhaber, dem großen Boss. ›Ja, was ist?‹ ›Herr Direktor, fliegen Sie morgen nicht, wenn Ihnen Ihr Leben lieb ist.‹ ›Warum?‹ ›Weil ich heute Nacht geträumt habe, dass dieses Flugzeug ins Meer stürzen wird und alle Passagiere ertrinken oder von den Haien gefressen werden.‹ Der große Boss ist sichtlich erschüttert und antwortet mit gewohntem Zynismus: ›Gut, ich fliege morgen nicht, aber wenn dein Traum nicht eintrifft, entlasse ich dich.‹ Doch der Traum bewahrheitet sich tatsächlich, eine schreckliche Katastrophe, die die ganze Welt bewegt. Der Chef bestellt den Nachtwächter zu sich, der diesen warnenden Traum hatte, und sagt zu ihm: ›Du bist entlassen.‹ Warum? Wer von euch dreien weiß eine Antwort darauf?«

Jutta meint nur schüchtern: »Keine Ahnung.« Ich bitte um ein wenig Bedenkzeit, und unser Knecht ist mit seinen Gedanken noch bei dem Mann auf der Insel.

»Also, seid ihr bereit? NACHTWÄCHTER DÜRFEN DOCH NACHTS NICHT SCHLAFEN, DA ARBEITEN SIE NÄMLICH!«

Doch nun wird es Zeit. Lachend quetschen wir uns in die Ape und knattern los.

Hochzeit auf Italienisch
Jutta

Der Kirchplatz ist voller Menschen in traditionellen Gewändern. Wie hübsch, denke ich mir. Wie bei uns auf dem Land. Da zieht die Frau ihr Festtagsdirndl an und der Mann seine beste Joppe und die Lederhose. Dazu schmückt man sich. Wir Frauen tragen im Ausschnitt unserer Tracht Rosen und grüne Blätter, legen schöne Hängeohrringe an und eine sogenannte Kropfkette um den Hals. Der Name entstand vor vielen Jahrhunderten, weil sehr viele Bayern, vornehmlich Frauen, an Schilddrüsenunterfunktion gelitten haben, wobei sich am Hals ein unschöner Knoten bildete. Um diesen zu verdecken, legten sie sich mehrreihige goldene Ketten mit einem edelsteinverzierten Emblem um den Hals – je nachdem, wie vermögend der Gatte war. Die Männer tragen Hüte mit einem Gamsbart und am Bund ein Charivari. Je größer und je wertvoller beides ist, desto mehr zeigt es, wie bedeutend der Mann ist und welchen Einfluss er in der Gemeinde hat. Auch kann man am Charivari erkennen, wie viele Kinder er gezeugt hat, denn jeder Anhänger steht für ein Kind. Hat er dann noch einen Wildschweinzahn dranhängen, heißt das, das er auch ordentlich potent ist. Klar, dass jedes bayerische Mannsbild mindestens einen solchen Zahn dranhängen hat. Auch der Gamsbart ist meist ein bisschen zu groß, bedeutet es doch, dass der Träger ein guter Schütze ist und schon mächtig viele Säue erlegt hat. Man beliebt ein wenig aufzutrumpfen, um sich Respekt zu verschaffen.

Ich glaube, das ist hier nicht viel anders. Grundsätzlich tragen alle dieselbe Tracht, aber sie unterscheidet sich im Detail. Die Farben sind ein bisschen unterschiedlich, und auch die Hauben der Damen sind mal mehr und mal weniger reich bestickt. Die alten Frauen tragen dunklere Gewänder und große Tücher um die Schultern.

Bruno bremst scharf, um nicht in eine Horde Kinder hineinzufahren, die gerade im Laufschritt auf die Kirche zulaufen. Er hält die Ape an der Friedhofsmauer an. Wir springen hinaus und rennen Richtung Hochzeitsgesellschaft. Außer Atem faselt er etwas von Ringen, Koffern, keine Zeit, und mir wird klar: DER GUTE HAT EIN PROBLEM.

»Ich hab die Ringe nicht, die sind bei Guilias Eltern, ich muss jemanden suchen, der sie mir besorgt, und wir haben auch keine Zeit, in die Wohnung von Maurizio zu gehen und uns umzuziehen, das machen wir nach der Zeremonie. Ich muss jetzt Maurizio finden, geh du schon mal in die Kirche.« Ich protestiere.

»Ich werde den Teufel tun und in diesem Aufzug bei der Trauung erscheinen«, antworte ich wütend. »Jetzt sind wir endlich am Ziel, und nun soll ich das nicht genießen können, weil ich mich in jeder Sekunde geniere? Nein, du wirst jetzt eine Lösung finden, ansonsten bleib ich draußen.« Bevor es zwischen uns zu einem handfesten Krach kommt, mischt sich ein Mann in unser Gespräch und fragt, ob er uns helfen kann. Bruno erklärt ihm kurz unser Problem, und er lacht, nimmt meinen Lebensgefährten in den Arm und sagt zu mir: »Keine Probleme, Signora, viene viene.« Die beiden laufen zu einem Auto, und wenig später halte ich ein Folkloregewand im Arm.

Schon wieder eine Kostümierung, denke ich verzweifelt in Anbetracht meines verschollenen petrolfarbenen

Cocktailkleides. Wo soll ich mich denn hier umziehen? Ich kann mich ja schlecht mitten auf dem Kirchplatz entkleiden! Es ist kurz vor zwölf, die Braut, so sie nicht schon in der Kirche ist, muss jeden Moment erscheinen. Die Ape fällt mir ein – ja, das ist die einzige Möglichkeit, offen wird sie ja hoffentlich sein. So ist es, und ich quetsche mich ins Führerhäuschen, um umständlich meinen Rock auszuziehen. Aber man hat mir leider keine Gebrauchsanweisung mitgegeben, wie ich dieses Gewand anziehen soll, denn zig Knöpfchen reihen sich quer über den Brustbereich, und ich muss erst mal herausfinden, wo vorne und wo hinten ist. In den Rock habe ich mich hineingezwängt und ihn auch schließen können, wenngleich ich die Luft anhalten musste. So, und jetzt das Oberteil über mein T-Shirt! Nein, das geht nicht, das verdreht sich, und ich komme nicht rein. Es bleibt mir nichts anderes übrig, als mich obenherum ebenso auszuziehen. Ich komme ins Schwitzen. Jetzt sitze ich da und drehe das korsettähnliche Teil hin und her, stülpe es mir über den Kopf, bleibe darin hängen. Unter größter Anstrengung versuche ich, einen Arm durch den Ärmel zu schieben, geschafft! Während ich den zweiten Arm verrenke, um in den anderen Ärmel zu schlüpfen, fällt mir ein kleiner nasebohrender Junge auf der anderen Straßenseite auf, der mit wachsender Begeisterung meinen Verrenkungen zusieht. Na, das war ja klar, dass das nicht unentdeckt bleiben würde!

Außerhalb unseres Knattergefährts zupfe ich alles zurecht, knülle meine Klamotten zusammen und klemme sie mir unter den Arm. Dann gehe ich los.

Der Kirchhof liegt verlassen da, anscheinend sind alle bereits in der Kirche. Nicht einmal Bruno hat auf mich gewartet! Ich bin enttäuscht. Warum hat er nicht gewartet, um mit mir gemeinsam an der Zeremonie teilzunehmen? Sonst braucht er doch immer für alles viel länger als ich. Einmal muss er auf mich warten, und dann tut er es einfach nicht! Eine Hochzeit ist doch etwas Außergewöhnliches, gerade weil es nicht die eigene ist. Das ist mir auch viel lieber, denn ich ziehe ein solides Bratkartoffelverhältnis vor. Aber eine Romantikerin bin ich doch, und so ist eine Einladung zu einer Hochzeit für mich etwas Besonderes, und da will ich von Anfang an dabei sein. Vor allem nicht alleine. Bestimmt werde ich ein Taschentuch brauchen, wenn sie »Sì!« gesagt haben, und dann möchte ich, dass mich Bruno verliebt anschaut und mir sagt, dass er es schön findet, dass ich so gerührt bin, und wir beide könnten doch wenigstens, wenn wir schon nicht heiraten, eine private Zeremonie mit Freunden veranstalten! Dann werde ich ein zartes »Ja« hauchen und eine weitere Träne vergießen vor Rührung! Pfui Deibel, bin ich eine Kitschjule!

Leise öffne ich das schwere Portal. Ganz still ist es in der Kirche, die voller Menschen ist. Hin und wieder räuspert sich jemand, und man hört das Knarzen der alten Kirchenbänke. Ich recke meinen Hals, um zwischen all den Köpfen irgendwo Bruno zu entdecken. Aber ich sehe ihn nicht. Von der Empore setzt plötzlich Orgelmusik ein, und eine Seitentür öffnet sich, aus der der Pfarrer mit den Ministranten tritt, die eilig verschiedene Kelche und ein Gefäß, in dem sich mit Sicherheit die Hostien befinden, auf dem Altar abstellen.

Nun kann ich auch die Braut erkennen. Sie trägt eine prächtige weiße Tracht mit vielen Blumen und einem langen bestickten Schleier, der nach Handarbeit aus einem anderen Jahrhundert aussieht. An ihrer Seite steht ein Mann, ich nehme mal an, ihr zukünftiger Gatte.

Auch er trägt Tracht. Da er sich nur unwesentlich in seiner Kleidung von den anderen unterscheidet, lediglich sein Hut erscheint mir ein wenig höher, ist es schwer auszumachen, ob er auch wirklich der Glückliche ist.

Fast möchte ich sagen, dass diese männliche Tracht der griechischen oder auch der türkischen ähnlich ist. Der Hut sieht aus wie ein Fes. Ein Zylinder ohne Krempe, der den gesamten oberen Kopfbereich bis zu den Ohren bedeckt. Das Gewand besteht aus einer roten Weste, die mit schwarzem Samt eingefasst ist, und einem schwarzen weiten Rock, der bis zu den Knien reicht und in der Mitte von einem bestickten Gürtel mit reichverzierten Beschlägen gehalten wird. Darunter tragen die Männer eine weite weiße Hemdbluse und eine weiße Pluderhose, die in schwarzen Stiefeln steckt.

Alle erheben sich jetzt, und ich sehe gar nichts mehr außer den Rücken der Hochzeitsgäste.

Die Musik schwillt an, und alle fangen an zu singen. Fremd klingt es in meinen Ohren, auch kann ich nicht ein einziges italienisches Wort heraushören. Ist es Lateinisch oder Sardisch? Die Frauen wechseln sich wie in einem Choral mit den Männern ab. Wunderschöne Stimmen sind darunter. Männerstimmen, fast so hoch im Sopran wie Frauenstimmen. Dann setzen verschiedene Musikinstrumente ein, lange Flöten und Tamburine. Die ganze Kirche bebt unter dieser kraftvollen und fröhlichen Musik. Ich bekomme sofort gute Laune und summe und klatsche mit. Neben mir steht eine ältere dunkel gekleidete Frau und reicht mir eine Stoffrosette mit weißen Bändern, die ich an mein Kleid heften soll. Somit gehöre ich jetzt dazu, ich bin ein Hochzeitsgast! Aber wo ist mein Mann?

Was nun passiert, unterscheidet sich nicht sehr von

unserer Tradition. Der Pfarrer feiert eine katholische Messe. Er predigt auf Italienisch, was ich in Teilen verstehen kann, und hält die Messe auf Lateinisch. Andächtig und sehr ernst hören alle zu, beten mit und sagen ihre Sprüchlein auf. Viele Kinder sind auch unter den Gästen, belustigt sehe ich, dass einige Mädel ihre Kommunionkleider tragen.

Jetzt scheint es ernst zu werden für das Hochzeitspaar. Beide knien nieder, und vier Personen stellen sich rechts und links neben sie. Ich traue meinen Augen nicht: Bruno ist wie ein echter Sarde gekleidet, mit Fes und allem Drum und Dran, und steht mit einem Teller in der Hand neben dem Bräutigam. Ich muss ein Foto mit meinem Handy machen und es per SMS nach München schicken, schießt es mir durch den Kopf. Sobald ich den Akku von meinem Handy aufgeladen habe, werde ich Bruno nötigen, sich noch mal in diese Tracht zu quetschen, das ist ja zum Totlachen komisch. In mir gluckst es. Er kann sich ja auch ein neues Autogrammfoto machen lassen, so wie er aussieht, da würden sich seine Fans bestimmt sehr freuen! In Gedanken spiele ich alles durch, bis ich an mir selbst hinuntersehe und mein Aussehen nicht weniger skurril finde. Wir sind wirklich ein großartiges Paar und gehören unbedingt auf die Titelseite der bunten Blätter. Als sardische Witzfiguren erobern wir uns eine neue Karriere!

Einige Ungereimtheiten verhindern einen zügigen Ablauf der Zeremonie. Ich kann leider nicht erkennen, woran die Verzögerung liegt, aber endlich scheinen die Ringe getauscht zu sein, denn Braut und Bräutigam küssen sich, und alle um mich herum zücken ihre Taschentücher. Mist, jetzt hab ich genau das verpasst, was ich doch so gern gesehen hätte. Die Menge vor mir teilt sich, und unter Musik, die von einem vielstimmigen Chor begleitet wird, schreitet Maurizio mit seiner Giulia an mir vorbei. Im Schlepptau ihre Trauzeugen, und als Bruno bei mir vorbeikommt, hakt er mich unter und zieht mich mit nach draußen.

Ein wunderschön geschmückter Karren, den zwei prächtige Ochsen mit verziertem Joch um den Hals ziehen, steht mitten auf dem Platz. Darauf befinden sich ein Sofa und eine Truhe, Körbe mit Silberschalen und diversem anderen.

»Was ist das, *tesoro*?«, frage ich meinen Schatz.

»*Il dote*«, antwortet er mir.

»Und was bedeutet *il dote*?«

Aber er kann es mir nicht erklären, und ich reime mir zusammen, dass es sich um die Mitgift handelt.

Das Paar setzt sich auf den Kutschbock, und während die Frauen einen lauten Singsang anstimmen und ich aus lauter Begeisterung mitsinge, setzt sich die Prozession, angeführt von dem Ochsenkarren, langsam in Gang. Die Männer spielen auf ihren Flöten, und Bruno, der sich noch nie durch besondere Musikalität ausgezeichnet hat, schwingt das Tamburin.

Wir gehen zum Elternhaus der Braut. Rechts und links unseres Weges steht die gesamte Dorfbevölkerung und wünscht dem Brautpaar alles Gute.

Nach wenigen Minuten haben wir das Dorf durchquert und stehen vor dem Haus von Giulias Eltern, in dem sich laut Bruno wundersamerweise unsere verlorenen Koffer befinden. Von dem Moment an will ich nur noch eines: rein, Koffer suchen und dann nichts wie raus aus diesem Kostüm und endlich wieder Jutta sein. Nein, besser »elegante, saubere, schöne Jutta« sein. Ich schäle mich aus der singenden Gruppe heraus, winke meinem

Tamburinmann, er solle mir doch folgen. Dieser ist jedoch noch heftig dabei, musikalisch sein Bestes zu geben, und so mache ich mich auf die Suche nach meinem Gepäck. Gottlob steht es gleich im ersten Raum. Ich will ja nicht langweilen, aber soll ich jetzt ernsthaft beschreiben, wie ein Kleid aus Seide nach vier Tagen zusammengepressten Zustandes aussieht?

Ich suche das Bad, hänge das Cocktailkleid über die Stange von der Dusche, ziehe den Duschvorhang zu, drehe den Heißwasserhahn auf und verwandle das Badezimmer in eine Dampfsauna. Dann kehre ich zurück zu meinem Koffer, wo sich hübsche saubere Schuhe, meine Schminke, meine Zahnbürste und alles, was ein Frauenherz begehrt, befinden. Im Badezimmer dampft mein Kleid vor sich hin, und nachdem ich es kräftig ausgeschüttelt und mit der flachen Hand glattgestrichen habe, sieht es in der Tat wesentlich besser aus.

Lachen und kräftige Anfeuerungsrufe aus sardischen Kehlen dringen durch das geöffnete Fenster zu mir herein, während ich mich fertigmache. Offenbar versäume ich ein wichtiges Hochzeitsritual. Meine Gedanken schweifen ab zu meiner eigenen Hochzeit, die schon so lange zurückliegt. Als mein damaliger Mann und ich aus der Kirche traten, hatten meine Schwiegereltern, die einen großen Holzverarbeitungsbetrieb besaßen, auf zwei Holzböcke einen dicken Baumstamm gelegt. Unter lauten Anfeuerungsrufen unserer Freunde und Verwandten mussten wir mit einer Säge, so schnell wir eben konnten, diesen Stamm durchsägen. Danach gab es für uns beide ein Schnapsstamperl, und erst dann waren wir in den Augen unserer Hochzeitsgäste ein richtiges Ehepaar. Schön war unser Fest danach. Eine Band spielte auf, launige Reden wurden geschwungen, und meine Eltern trugen ein selbstgeschriebenes Gedicht über das abenteuerliche Leben ihrer einzigen Tochter vor. Peinlich, wie man sich denken kann, jedenfalls für mich! Unsere Gäste fanden es aber lustig! Ja, und dann wurde ich entführt. Das ist Tradition bei uns und meistens der Killer einer schönen Hochzeit. Gottlob wurde ich gleich ins nächste Gasthaus an der Ecke gebracht, und man hatte meinem frischgebackenen Ehemann gesteckt, er solle doch mal als Erstes dort nachsehen. So musste ich nur kurze Zeit unserem wirklich lustigen Fest fernbleiben. Ich bin gespannt, was mich heute hier erwartet!

Als ich jedoch in all meiner Pracht endlich aus dem Haus trete, ist schon alles vorbei. Man versammelt sich wieder zu einer Art Prozession. Nirgends entdecke ich Bruno und hoffe, er zieht sich ebenfalls um. Soll ich nun auf *ihn* warten? Ehe ich mich's versehe, ergreift eine Frau meinen Arm und zieht mich mit zu der Folkloregruppe. Die Musikantenschar setzt sich in Bewegung, bergauf, singend und musizierend, und mittendrin das Hochzeitspaar.

Ich befinde mich bereits auf einer Anhöhe, als ich mich umdrehe und Bruno aus dem Haus stürmen sehe. Er eilt uns hinterher. Ich bin erleichtert.

Le Nozze
Bruno

Einige Kilometer vom Casale Valdes entfernt steht eine kleine Kirche, die der Madonna von Villamar geweiht ist. Die feierliche Prozession, die uns nun auf ihrem Weg dorthin entgegenkommt, besteht aus Reitern und den *traccas*, den typischen kunstvoll geschmückten Ochsenkarren. Die Gläubigen stimmen *is coggus* an, fromme, der Madonna gewidmete Lieder. Wir bremsen. Viele Menschen säumen die Straße und erwarten ungeduldig die Ankunft der großen Marienstatue auf der holzgeschnitzten Kutsche, die von einem Ochsengespann gezogen wird. Eigentlich findet dieser Umzug immer am dritten Sonntag im August statt, aber dieses Jahr hatte man ihn wegen sintflutartiger Regenfälle verschieben müssen. Weitere religiöse Bruderschaften in ihren Kapuzengewändern kommen hinzu, denen ein Zug von Pilgern folgt, die in leichte weiße Baumwollumhänge gehüllt sind. Man kommt kaum vorwärts und wird von dem Menschenstrom mitgezogen. Alle Gruppen sammeln sich allmählich auf einem großen freien Grasplatz um einige Pfarrer, die sich in der sengenden Sonne im Halbkreis aufgestellt haben. Wir fahren jetzt nur noch im Schritttempo. Vereinzelte Grüppchen von Jugendlichen stimmen ebenfalls religiöse Gesänge an, tanzen hüpfend und klatschen dazu fröhlich in die Hände. Ich weiß auch nicht, wie ich so etwas immer schaffe, aber genau in diesem Moment fliegt mir eine Mücke ins Auge, ich bremse heftig, und dann ist der Kühler meiner Ape schon gegen die Kutsche geprallt. Es folgt allgemeine Aufregung, ein Schutzpolizist und der Kutscher kommen hinzu und fordern uns auf, beiseitezufahren. Ich stelle den Motor ab. Der Hüter des Verkehrs hält unsere Papiere in der Hand, wir sagen ihm, dass wir Freunde des Marchese und zur Hochzeit meines Vetters unterwegs sind. Er bleibt stur, nein, wir können erst weiterfahren, wenn alle Festkarren vor der Kirche eingetroffen sind.

»Entschuldigen Sie mal, aber die Prozession war nicht ausgewiesen«, sage ich, aus dem Fenster gelehnt. »Sonst steht da immer ein Polizeiwagen am Anfang der Prozession und hält den Verkehr an. Warum hat denn hier niemand dafür gesorgt?« Wir bleiben eine gute Stunde lang auf dieser engen, überlaufenen Landstraße stecken und können nicht einmal aussteigen. Die Augen der Marienstatue auf dem riesigen, mit herrlichen Teppichen, Weizenähren und Girlanden aus Myrten geschmückten Wagen ruhen starr und unbeweglich auf uns, als wollten sie uns Trost spenden. Endlich kommt ein Pfarrer, der die letzten Karren anweist weiterzufahren. Die Belagerung ist vorbei. Wir ziehen hin in Frieden.

Von der Staatsstraße nehmen wir die Abzweigung nach Barumini, von dort die Straße nach Gesturi. Es ist unglaublich spät, wir werden es nie schaffen, bei Giulias Eltern vorbeizufahren, um uns umzuziehen. Und ich würde so gern in Su Nuraxi haltmachen. Das ist die bedeutendste Ausgrabungsstätte von ganz Sardinien, von der UNESCO zum Weltkulturerbe erklärt, aber wir müssen uns damit begnügen, diese imposante und geheimnisvolle Nuraghenfestung vom Fuß des Hügels aus zu bewundern.

Kurz nach halb zwölf erreichen wir endlich Gesturi und parken auf dem Hauptplatz direkt vor der Kirche der heiligen Teresa von Avila. Sofort werden wir buchstäblich von einigen Musikern der örtlichen Kapelle überfallen, die einen Marsch für den Auszug der Frischvermählten aus der Kirche proben. Sie betrachten uns neugierig, die Frauen mit einem schüchternen Lächeln auf den Lippen, die Männer unverschämt grinsend. Na sicher, in unseren speckigen Klamotten und eingequetscht wie Sardinen in dieser schrottreifen Ape machen wir wirklich nicht viel her! Jutta weigert sich auszusteigen, sie meint, sie würde sich zu sehr schämen. Die Gäste sind schon alle in der Kirche, jetzt fehlen nur noch wir – und die Braut. Die Glocken läuten bereits, und ich habe noch nicht einmal die Trauringe abgeholt!!! Ich hoffe im Stillen, dass Maurizio sie mitgebracht hat.

»Aber wenn du gesagt hast, dass wir bei Giulias Eltern vorbeifahren, glaubt er jetzt sicher, dass du sie hast!«

Jutta hat recht. Aber was soll ich tun? Die Zeremonie beginnt. Und dann ist auch noch die Posaune da draußen, das heißt, der Mann, der die Posaune spielt und uns unverständliche Zeichen macht.

»Was der wohl hat?« Ich kurble das Seitenfenster runter, um zu hören, was er will.

»*Disiggiate?*« Aha, er fragt, was wir wollen.

»Guten Tag, ich bin der Trauzeuge des Bräutigams ... Aufgrund einiger unglücklicher Umstände konnten meine Frau und ich uns noch nicht für die Trauung umziehen. Wir sind spät dran und möchten hier parken.«

»Ach so, in Ordnung.«

Ich stelle mich an den Straßenrand und steige aus. Alle, einschließlich der Klarinette und des Fagotts, starren mich unentwegt an. Jutta fühlt sich genauso beobachtet und bedeckt ihr Gesicht mit der Hand. Die Posaune trägt ein rotschwarzes Wams, die Große Trommel, eine schöne, etwas reifere Signora, ein vergoldetes Leibchen, einen roten Rock und auf dem Kopf einen weißen Schleier. Das Fagott trägt die typische schwarze Stoffmütze der Sarden und eine Weste aus Widderleder mit der Fellseite nach außen. Nach und nach trauen sich auch die Becken, die Oboen und die Piccoloflöten heran. Ich weiß nicht, an wen ich mich wenden soll, alle reden so schnell durcheinander, und ich verstehe kein Wort. Ich versuche es mit dem Dirigenten der Kapelle, der mir gerade mit dem Taktstock auf die Schulter klopft und mich anstrahlt. Ich erkläre ihm das Problem mit den Trauringen und der Festtagsgarderobe. Er denkt kurz nach, dann ruft er einen Jungen zu sich und flüstert ihm etwas ins Ohr. Er ist noch nicht fertig, da saust der schon los wie eine Rakete. Dann richtet er den Taktstock auf die Große Trommel, die wieder der Klarinette zuzwinkert. Der Musiker klettert blitzschnell hinten in einen Kleinbus mit der Aufschrift »Banda Municipale«. Es vergehen keine dreißig Sekunden, da kommt er mit zwei dicken, auf Metallbügeln hängenden Gewändern zurück. Sie sind wunderschön, fein genäht und bestickt, eins ist für mich, das andere für Jutta.

»Zieht das an.«

Inzwischen sind sogar die *traccas* der Brautleute eingetroffen. Ein Karren prächtiger als der andere! Maurizio steigt aus und geht in Richtung Kirche. Giulia bleibt stehen und plaudert mit ihren Brautjungfern, während sie darauf wartet, dass ihr Vater sie abholt, um sie zum Altar zu führen. Unentschlossen stehe ich vor diesen beiden Gewändern.

»Zieht das an!«, beharrt der Dirigent.

Ich sehe, wie Giulias Vater in einem alten Fiat 500 ankommt, aussteigt und mit einem wunderbaren Bukett aus weißen Rosenknospen und Lilien auf sie zugeht. Mir bleibt keine Zeit. Ich reiße der Klarinette das Gewand aus der Hand, verschwinde hinter der Kirche, reiße mir die Hose vom Leib, lege Jacke und Hemd ab, und im Nu habe ich mir das schwarzrote Wams angezogen.

Auf meinem Weg zurück sehe ich, wie die Brautjungfern vor Giulia Aufstellung nehmen, ihr Vater reicht ihr den Arm. Sie wollen gerade die Kirche betreten, als der Kleine von vorhin schweißbedeckt mit einem roten Samtsäckchen in der Hand zurückkommt.

»Gott sei Dank, die Ringe!«

Der Dirigent, der sich an die Ape gelehnt hatte, wendet sich mit einem nicht ganz eindeutigen Blick – ist es ein schelmisches Augenzwinkern oder doch eher Mitleid? – zu mir und trommelt ungeduldig auf den Seitenspiegel; die Posaune bringt einen langen Misston heraus, die Große Trommel und alle anderen Musiker schreien: »AJÒ!«

Ich renne in die Kirche. Gerade spielt die Orgel die ersten Noten des Hochzeitsmarsches von Mendelssohn.

Die Kirche ist gerammelt voll, man glaubt es kaum: Einwohner von Gesturi, Verwandte und Freunde, die aus Rom, den Abruzzen und sogar aus Kalifornien angereist sind. Maurizio steht schon wartend vor dem Altar, von Kopf bis Fuß gegelt und gelackt. Ich hatte mir so schöne Streiche ausgedacht, die ich ihm spielen wollte. Zum Beispiel wollte ich mir gestern Abend einen seiner Schuhe für die Trauung besorgen und mit einem weißen Stift auf die Sohle »Holt mich hier raus!« schreiben. Im letzten Moment hatte ich mir noch überlegt, mich als Braut zu verkleiden, oder dass er nach der Kirche statt seines *traccas* nur noch unsere kleine Ape vorfinden sollte. Doch jetzt muss ich mich beeilen. Wegen der vielen Leute ist so gut wie kein Durchkommen. Ich kann gerade einmal Giulia ausmachen, die am Arm ihres Vaters sichtlich angespannt langsam vorwärtsschreitet. Die Ärmste, um in dieses alte Spitzenkorsett zu passen, muss sie wohl seit gestern Nachmittag um drei den Atem angehalten haben! Genau wie Maurizio hat sie sich ziemlich herausgeputzt, mit dickem Make-up und kunstvoller Haarpracht à la Lady Gaga. Bosheit mal beiseite, sie ist wunderschön, auch wenn ich ein natürliches Aussehen bevorzuge. Was Maurizio betrifft, so trägt er ein weißes Hemd und darüber ein Leibchen aus scharlachroter grober Wolle, dazu lange weiße Strümpfe. Bis hierhin ist alles noch normal, schauten sie nicht unter einem in der Taille mit einem Ledergürtel zusammengehaltenen kurzen Rock hervor. Was tut man nicht alles aus Liebe! Giulias Vater ist vor Rührung ganz verwirrt, seit sie die Kirche betreten haben. Er konnte sich zunächst nicht mal entscheiden, ob er links oder rechts von der Braut gehen sollte, und beinahe wären die beiden im Gänsemarsch hintereinander hergelaufen wie bei der Silvesterpolonaise.

Maurizios Vater, Onkel Peppo, sieht noch genauso aus wie vor dreißig Jahren, als ich ihn zum letzten Mal getroffen habe. Er steht vor dem Platz auf der Bank links vom Altar, der für mich bestimmt ist, und hält seinen Ehering und den von Tante Clara in der Hand. Offensichtlich hatte er sich schon darauf vorbereitet, dass ich verschollen bleibe. Während wir uns umarmen, raune ich ihm zu: »Ich bin dein Neffe Bruno! Achte nicht auf meine Kleidung, aber wenn du mir nicht glaubst, hier sind die Ringe ...« Tante Clara ist in diesen Jahren unglaublich gealtert. Ich hätte sie kaum wiedererkannt. Sie steht ganz allein hinter dem Altar. Ich frage ihn nach dem Grund, und er sagt mir, das sei wegen ihrer kleinen

Mimi. Seit man ihr als große Ausnahme erlaubt hat, die Hündin zur Trauung mitzubringen – aber nur wenn sie in der Tasche bliebe und nicht bellen würde –, hat sich die ein wenig sonderliche Tante hier hinten verkrochen, aus Angst, ihre weiße Zwergpudeldame könnte herausspringen. Ich muss aber sagen, dass die kleine Mimi nicht einmal fünf Minuten in der Tasche geblieben ist. Von Kopf bis Fuß mit Schleifen geschmückt wie die rosa Zuckermandelsäckchen, die man bei der Hochzeit verteilt, hat sie die ganze Zeit bei ihrem fürsorglichen Frauchen im Arm gelegen. Tante Clara hat sich keinen Moment von Mimi getrennt, nicht einmal, als das Brautpaar die Ringe getauscht hat. Jetzt haben sich neben dem Haupteingang zwei Carabinieri in Gardeuniform aufgebaut. Ob Giulia heil durch die Kirche kommt, ist nicht klar. Da sie nicht an dreizehn Zentimeter hohe High Heels gewöhnt ist, klammert sie sich ständig an ihren Vater, um nicht zu fallen. Inzwischen habe ich es bis zum Altar geschafft.

Ich dränge mich zu Maurizio, der mich natürlich nicht wiedererkennt und mich für einen von der Kapelle hält. »Psst …« Er achtet nicht auf mich, oder vielleicht will er jetzt auch keine Zeit an einen Unbekannten verschwenden. Er ist ganz in eine leise Unterredung mit Padre Mariano versunken. Vielleicht erteilt ihm der Pfarrer die letzten Ratschläge vor der Zeremonie. Jetzt kommt ein Freund hinzu und gibt ihm einen Zettel. Maurizio wird rot, er weiß, dass es einer dieser »Streiche« seiner Kumpel ist, die ihm peinlich sein werden. Er liest nur ein paar Zeilen und muss prompt laut loslachen. So fassungslos, wie der ehrwürdige Pfarrer schaut, muss es sich um einen unanständigen Brief handeln. Padre Mariano entfernt sich verlegen. Giulia hat endlich den Altar erreicht, nachdem sie auf dem Weg ständig über ihre Schleppe gestolpert ist. Maurizio kriegt sich gar nicht mehr ein. Der Zettel rutscht ihm aus der Hand auf den roten Läufer, und bevor der Ministrant sich hinunterbeugen und ihn mit seiner schmalen Knabenhand aufheben kann, stelle ich meinen Schuh darauf, schnappe ihn mir und lasse ihn in meiner Tasche verschwinden. Maurizios Lachen wirkt ansteckend, so ansteckend, dass es jetzt die ersten Reihen hinter den Bänken für die Verwandten des Bräutigams erreicht hat. Dort sitzen seine Freunde: eine Bande von Spaßvögeln, die ihm wohl jede Menge Blödsinn mit der Botschaft geschickt haben und sich jetzt köstlich über ihren gelungenen Scherz amüsieren. Zum Glück dröhnt Mendelssohn jetzt mit voller Wucht. Maurizio kann sich immer noch nicht beruhigen. Giulia steht jetzt vor den Stufen zum Altar, sie sieht ihn empört an. Was denn? Sehe ich da etwa Verachtung für den Mann, den sie gleich heiraten wird?

»Maurizio, Maurizio, was ist denn mit dir los? Jetzt beruhige dich! Ich habe keine Lust, mich völlig zu blamieren, ich bitte dich!«

Kopfschüttelnd geht Padre Mariano zu den Eltern der Braut, um kurz mit ihnen zu reden. Doch ihren Vater kitzelt es in der Nase, und deshalb öffnet er instinktiv den Mund. Anscheinend muss er niesen, aber der Mann hält es geistesgegenwärtig zurück und verbirgt es hinter einem Gähnen. Padre Mariano konzentriert sich jetzt lieber auf seine Pflichten und läutet kräftig die Glöckchen. Daraufhin gehe ich zu Maurizio.

»Psst ... Erkennst du mich jetzt, ja oder nein?«

Er hört auf zu lachen, dann wird er ganz blass:

»Duuu? Wie siehst du denn aus?«

»Erkläre ich dir später.«

Giulia steht jetzt neben ihm. Ich stelle mich vor. Sie grüßt mich nicht einmal, sondern zischt mir leise zu:

»Wo sind die Ringe?«

»Die habe ich gerade einer deiner Brautjungfern gegeben«, beruhige ich sie hastig.

Maurizio scheint jetzt ernst geworden zu sein.

»Entschuldige, Liebes, ich konnte einfach nicht mehr aufhören ...«

Jutta versucht derweil, weiter hinten in der Kirche in einem Grüppchen von Hochzeitsgästen möglichst wenig aufzufallen. Die Orgel verstummt. Stille. Nun beginnt die Zeremonie. Endlich lächelt Giulia einmal. Das Brautpaar will gerade niederknien, da hört es gedämpfte Schritte hinter sich, wie die eines Hühnerdiebs, aber es ist der Fotograf, dem der Objektivdeckel unter das Kleid der Braut gerutscht ist. »Entschuldigung, aber mir ist da der ...«

Giulia starrt ihn mit weit aufgerissenen Augen an und ist zu keiner Reaktion mehr fähig. Maurizio kommt ihr ziemlich verärgert zu Hilfe:

»Was erlauben Sie sich, weg da.«

Nun läutet es wieder. Maurizio beißt sich nervös auf die Lippe. Ich setze mich neben den anderen Trauzeugen auf die Bank, es ist Giulias Bruder. Während der Pfarrer mit der Zeremonie beginnt, ziehe ich den zerknitterten Zettel aus der Tasche und überfliege ihn heimlich.

REGELN FÜR EINE GUTE EHE

Lieber Maurizio, liebe Giulia, hier eine Liste der Regeln, die ihr zum Wohl eurer Ehe einhalten solltet:

Meidet den Gebrauch von Kondomen, eine Erektion, die nicht vom heiligen Sakrament der Ehe gesegnet ist, Selbstbefriedigung, Potenzmittel, schmutzige Gedanken, Tiramisu und andere erregende Speisen, Spiegel im Schlafzimmer, den Gebrauch von Peitsche und Handschellen, erotische Phantasien, schmutzige Worte oder antörnende Bemerkungen (wie zum Beispiel diesen unglaublich originellen Anmachspruch, Maurizio, bei eurer ersten Begegnung am Skilift: »Soll ich dir mal meinen ganz persönlichen Skistock zeigen?«).

Vermeidet, über einem Sexshop zu wohnen, zu füßeln, außer ihr tragt Moonboots, Kalender von bekannten Reifenherstellern.

Vermeidet unzüchtige Taten und Gedanken, alles, was einem wohlanständigen Sexualleben entgegensteht, selbst wenn ihr zu einer babylonischen Orgie eingeladen seid oder der Party zum Fünfzigsten eures Lieblingspornostars.

Liebt euch nur, um Kinder zu zeugen. Vollzieht den Beischlaf auf jeden Fall nur in der Missionarsstellung, übereinander wie zwei Toastscheiben bei einem Sandwich, sie unten, schlafend, und er oben, vollkommen regungslos.

Die Trauungszeremonie ist gerade mit dem Ritual *de sa cadena* zu Ende gegangen, mit dem der Bund fürs Leben symbolisch besiegelt wird. Maurizio steckt den kleinen Finger der rechten Hand in einen Ring, der den Schluss einer Kette bildet, die wiederum um Giulias Taille gegürtet ist. Das Brautpaar hat die »Liebesversprechen« unterschrieben, dieses Dokument wird nun die nächsten fünfundzwanzig Jahre hier in der Kirche aufbewahrt. Erst dann wird man sie lesen! Ob die beiden dann überhaupt noch zusammen sind? Ich wünsche es ihnen von Herzen. Salvatore, genannt Tore, einer der Schutzpolizisten, der den Platz überwacht, aber gleichzeitig Basstuba in der Dorfkapelle spielt, sollte jetzt eigentlich das Zeichen für den Marsch zum feierlichen Auszug aus der Kirche geben. Aber Salvatore hat nur Augen für eine von Giulias Brautjungfern, die mit einem Teller in der Hand das Brautpaar vor der Kirche erwartet. Der feurige Musiker würde gern ihre Bekanntschaft machen. Und das, obwohl der Leiter der Kapelle, der ihn nur zu gut kennt und außerdem weiß, dass er Familienvater ist, ihn vor der Trauung ermahnt hat, nur ja die jungen Mädchen in Ruhe zu lassen. Aber Salvatore hat nun mal eine Schwäche für Frauen – besonders für Dunkelhaarige –, und anstatt das Mundstück seines Instruments anzusetzen und die erste Note anzustimmen, steht er da und raspelt Süßholz. In Gesturi setzt sich die Musikkapelle üblicherweise aus Einwohnern des Dorfes zusammen. Also kennen sich alle untereinander gut. Unter den Musikern, die nur zu Begräbnissen, Prozessionen und Hochzeiten spielen, findet man auch viele junge Leute. Das Sopransaxhorn, ein Neunzehnjähriger, der seit langem leidenschaftlich in Borgia verliebt ist, eben jenes junge Mädchen, das Salvatore sich gerade ausgeguckt hat, kann nicht losspielen, bevor Salvatore nicht die erste Note vorgibt. Das kleine Bombardon, der Apotheker neben ihm, sagt, er solle trotzdem anfangen. Aber der junge Mann will nichts davon wissen. Als er seine kleine Brünette lächelnd und offensichtlich geschmeichelt mit Salvatore reden sieht, wird er von heftiger Eifersucht gepackt und macht ihr eine wütende Szene. Erst der Leiter der Kapelle kann diese beenden. So schnell gibt sich Salvatore allerdings nicht geschlagen, er geht zwar folgsam an seinen Platz zurück, aber mit geschickter Bosheit gelingt es ihm, die Eifersucht des jungen Mannes aufs Neue anzustacheln, indem er ihm triumphierend eine Blume zeigt, die das

Mädchen ihm ins Knopfloch seiner Uniform gesteckt hat. Jetzt endlich lässt Salvatore sein Instrument ertönen, begleitet von den anderen Blech- und den Schlaginstrumenten, dabei lässt er die Brautjungfer jedoch nie aus den Augen.

Am Ausgang empfängt die fröhliche Menge die Neuvermählten: Auf dem ganzen Platz wird gefeiert. Sobald das Brautpaar die Schwelle überschreitet, wird es im wahrsten Sinne des Wortes »überschüttet«. Dieser Brauch nennt sich *s'arazza*, was sich auf den Inhalt der Teller, die die Brautjungfern tragen, bezieht: Korn, grobes Salz, Blüten, aber auch bunte Papierstückchen, Zuckermandeln und Münzen. Der Brauch verlangt nun, dass all dies als gutes Vorzeichen auf das Brautpaar geworfen wird und die Teller danach vor ihren Füßen auf den Boden geworfen werden. Sie müssen unbedingt zerbrechen, damit alles für das Paar günstig ist. Laut Giulias Bruder gibt es dafür einen anderen Grund: Die zerbrechenden Teller könnten eine Anspielung auf die Jungfräulichkeit der Braut sein, ein plausibler Gedanke, wenn man bedenkt, dass keine Teller zerbrochen werden, wenn eine Frau zum zweiten Mal heiratet oder man zweifelt, dass sie noch Jungfrau ist.

»Das waren noch andere Zeiten!«, meint er augenzwinkernd.

Einem anderen Brauch nach soll der Bräutigam im Hochzeitszug immer rechts gehen, um daran zu erinnern, dass der Mann Gott nähersteht als das Weib.

»Aber wie du siehst, geht dein Vetter links. Ein deutliches Zeichen dafür, dass Gott es sich anders überlegt haben muss.«

Das Brautpaar steigt nicht wieder auf den traditionellen Wagen, sondern geht zu Fuß zum Haus von Giulias

Eltern. Jetzt begreife ich auch, warum ihre Mutter die Kirche bereits vor dem Schlusssegen verlassen hat. Der Brauch will, dass sie das Brautpaar auf der Türschwelle mit einem Teller mit *s'arazza* und einem Glas Wasser empfängt. Davon trinken die Neuvermählten dann, und der Rest wird vor der Braut ausgegossen, während sie das eheliche Schlafgemach betritt. Die Wege sind ebenfalls mit Korn und Salz bedeckt. Zwei Züge haben sich gebildet, die vor dem Brautpaar hergehen. Der, in dem Jutta und ich gelandet sind, wird von Frauen in Tracht angeführt, die Weidenkörbe mit Brot und besonderem Gebäck wie den *pardulas* oder *papassinas* auf dem Kopf tragen. Diese werden wir später am Ende des Hochzeitsbanketts essen. Der andere ist der Zug mit den *traccas*, angeführt von der Kapelle, in dem auch die Brautjungfern mit einigen Tänzern gehen. Der feurige Salvatore hat die ganze Zeit unter den eifersüchtigen Blicken des jungen Saxhorns munter gespielt und ist nun mit der Kapelle vor dem Haus der Brauteltern angekommen. Jetzt setzt er die Basstuba ab und lässt sich von einem Kollegen die *launedda* geben, eine Art Dudelsack aus drei Pfeifen unterschiedlicher Länge und Dicke, die einen mehrstimmigen Klang hervorbringen. Bekanntermaßen gibt es zahlreiche sardische Volkstänze, aber der eigentliche Nationaltanz ist der *ballu tundu*, ein Kreistanz, der von dieser Launedda begleitet wird. Frauen und Männer halten sich an den Händen und bilden einen Kreis um den Launeddaspieler. Obwohl der Tanz auf den ersten Blick ziemlich einfach erscheint, wird er doch schnell zu kompliziert für jemanden, der ihn nicht von Kindesbeinen an kennt. Seine Schwierigkeit besteht nicht so sehr in der Schrittfolge, sondern in den richtigen Körperbewegungen und dem Rhythmusgefühl. Giulias Bruder meint, es gäbe nichts Vergleichbares zu der Verbissenheit, mit der die Südsarden diesen Tanz betreiben: Man könnte oft meinen, dass es ihnen keinen Spaß macht, aber das stimmt überhaupt nicht, denn in allen Dörfern des Campidano legen die jungen Leute zusammen, damit sie einen Launeddaspieler bezahlen und sonntags tanzen können.

Die Tänzer scheren jetzt aus dem Zug aus. Zuerst verteilen sie sich, dann formieren sie sich allmählich zu einem Kreis um Salvatore. Sie fassen sich bei den Händen und drehen sich langsam um ihn, gehen im Rhythmus seiner Musik vor und zurück. Ein bezwingendes und geradezu hypnotisches Muster aus verschiedenen Schritten und genau festgelegten einheitlichen Bewegungen, die vom wechselnden Tempo der Musik bestimmt werden. So ein Tanz dauert durchschnittlich zwanzig Minuten, kann sich aber auch über eine Stunde hinziehen. Während wir auf die Ankunft des Brautpaars warten, löst sich eine Frau von ihrem Partner, geht in die Mitte des Kreises und tanzt allein vor dem Launeddaspieler. Es ist Borgia. Sobald das Saxhorn seine Angebetete erkennt, fleht er sie an, zu ihrem Tänzer zurückzugehen. Sie weigert sich verächtlich, und der junge Mann wird wütend. Als das Mädchen sich immer sinnlicher und zarter bewegt, wirft er sein Instrument auf den Boden und verschwindet niedergeschmettert.

Das Bankett
Jutta

Ich bin überrascht, wie beeindruckend dieser so urwüchsige Park ist, der unter dem Schutz der UNESCO steht. Tausende Korkeichen stehen darin und bieten Wildpferden Schatten vor der erbarmungslosen Sommersonne. Hohe Gräser sorgen für genügend Futter. Erstaunlich klein sind die Pferdchen, die so gar nicht scheu in kleinen Herden zwischen den Bäumen stehen. Man kann zu ihnen hingehen und sie streicheln. Sie scheinen Besucher gewöhnt zu sein und fürchten keine Gefahr von uns. Jede Menge Fohlen sind darunter, und ich verliebe mich augenblicklich in sie. Unbeeindruckt ziehen sie von Grashalm zu Grashalm, legen sich faul hin oder schlafen mal kurz eine Runde. Es ist ja schließlich schon Nachmittag. Ich hätte auch nichts dagegen, jetzt etwas zu essen und dann ein gemütliches Nickerchen zu machen!

Und dann sehe ich zu meiner großen Freude eine riesige weiß gedeckte Tafel, die zwischen den Eichen steht. Munter flattert ihr Tischtuch im Wind, und sie ist mit allen Gaben dieser Insel beladen. Dem Brautpaar ist die blumengeschmückte Mitte der Tafel zugedacht. Als sich die beiden setzen, kommt mein Schatz zu mir, gibt mir einen Kuss und macht mir ein Kompliment.

»*Sei bella!*«

Offensichtlich gefällt ihm meine Erscheinung, und auch er hat sich in Schale geschmissen und gibt ein erfreuliches Bild ab. Ja, dann können wir ja endlich Hochzeit feiern!

Kennen Sie italienische Filme aus den fünfziger Jahren? Häufig mit Sophia Loren und Marcello Mastroianni? Genau wie in diesen Filmen verläuft der heutige Nachmittag. Nur in Farbe und nicht in Schwarzweiß.

Die Folkloregruppe singt, spielt und tanzt um uns herum. Der Wein fließt in Strömen aus den Karaffen in die Gläser. Die Gäste schwätzen alle lautstark durcheinander. Das Essen wird aus heranfahrenden Autos geholt und auf die Tafel gestellt. Platten mit köstlichen Antipasti, Schinken, Käse, Oliven, Salami, Schüsseln mit dampfender Pasta. Später gibt es Salat, Mozzarella di Buffala, dann riesige Platten mit Zicklein, Schweinehaxen und Huhn und Brot, Brot, Brot! Ich schwelge! Auch mein geliebter Bruno versinkt in den Köstlichkeiten. Aber als Trauzeuge hat er natürlich auch so seine Pflichten. Eine Rede halten zum Beispiel! Weiß der Geier, was er sich da zusammenreimt! Den Hochzeitstanz mit der Braut eröffnen und mit allen Verwandten, Freunden über die guten alten Zeiten und selbstverständlich über Berlusconi reden, ohne sich das Maul dabei zu verbrennen, denn der wahre Anhänger des Präsidenten gibt sich nur versteckt zu erkennen.

Ich sitze vergnügt auf meinem Stühlchen und genieße das Schauspiel.

Hab ich's nicht schon zu Beginn gesagt? Irgendein älterer Herr wird Gefallen an mir finden und mich zum BALLU SARDU auffordern. Just zu dem Zeitpunkt, als ich meinen vollen Bauch entspannt ausstrecke, ein Glas köstlichen Landwein in der Hand halte, die lauen Sonnenstrahlen mein Gesicht erwärmen und ich dabei bin, in ein kleines Nickerchen hinüberzusegeln, kommt so ein betagter Don Giovanni, um mein Herz zu erobern. O Gott, muss das jetzt sein!? Aber der temperamentvolle Sarde kennt kein Erbarmen, alle meine »No, No,

No« überhört er lachend und zieht mich auf die Tanzfläche zwischen den Bäumen. Voller Inbrunst schmiegt er seinen mir mal knapp bis zum Kinn reichenden Körper an mich. Kann man diese Folklorekostüme denn nicht reinigen?, frage ich mich in Anbetracht des Schweißgeruchs, der seinen Achseln entströmt. Aber wenn man eine Nacht mit dem Geruch von Mottenkugeln überlebt hat, wird man ja krisenresistent. Der Gute schwenkt und wirbelt mich gekonnt im Takt der melancholischen Musik herum und geht völlig in ihr auf. Laut summt er mit, und sobald gesungen wird, stimmt er mit seinem vollen Tenor mit ein. Diese Italiener haben einfach die Musikalität mit der Muttermilch aufgesogen, dagegen sehen wir Deutschen doch blass aus. Das Erstaunliche ist, dass es keine Rolle spielt, wie alt oder hässlich der Sänger ist. Sobald er singt, wirkt er sexy, und man ertappt sich bei dem Wunsch, doch jeden Abend vor dem Zubettgehen ein Ständchen geschmettert zu bekommen.

Ich muss mir noch mal gut überlegen, ob ich mir das auch von Bruno wünsche!

Je länger ich mich inmitten all der Hochzeitsgäste bewege, desto mehr schätze ich ihre echte Herzlichkeit und Wärme. Ihre Freude darüber, dass Giulia den feschen Maurizio an Land gezogen hat und die beiden den Bund fürs Leben gewagt haben, ist aufrichtig. Wie bei uns werden Tränen der Rührung und des Abschieds vergossen, sentimental muss man loslassen und die beiden ziehen lassen, obwohl sie schon seit Jahren gemeinsam ihr Leben teilen, aber die Ringe bedeuten dann halt doch noch mehr. Jetzt ist es besiegelt, und das lange Tau, an dem sie ziehen werden, liegt in vier Händen. Ich kann den beiden nur wünschen, dass sie am gleichen Ende ziehen!

Völlig außer Puste darf ich mich endlich wieder auf

meinem Stühlchen ausruhen, während mein Tanzpartner seine Blicke auf der Suche nach neuer Beute schweifen lässt. Mein Bruno tanzt mittlerweile auch. Ich könnte mich kringeln, als er versucht, die folkloristischen Tanzschritte nachzuahmen, um dann doch in seinen Tanzstil zu verfallen, der aus den siebziger Jahren stammt, also in den bekannten John-Travolta-Stil. Die Mädels um ihn herum sind jedenfalls beeindruckt. Na, das gefällt meinem Gockel, und er dreht sich und dreht sich.

So neigt sich der Tag lustvoll seinem Ende entgegen. Die Landschaft hüllt sich in dieses unglaubliche Abendlicht, das mich schon in den letzten Tagen so fasziniert hat. Dazu die Geräusche, die mit dem Wechsel des Lichts einsetzen. Die Natur hat ihren immer wiederkehrenden Rhythmus, gottlob selbst von Menschenhand nicht veränderbar. Die Grillen beginnen zu zirpen, die Vögel suchen ihr Nachtquartier, jeden Abend pünktlich mit dem Nachlassen des Tageslichts, egal, was auf dieser Welt passiert. Sie wissen, morgen beginnt ein neuer Tag, und die Aufgaben werden dieselben sein wie schon an den Tage zuvor. Nur wir Menschen haben immer das Gefühl, etwas zu verpassen. Deshalb gehen wir zu spät zu Bett, trinken und essen zu viel, hetzen von einer Verpflichtung zur andern. Wenn ich noch mal auf die Welt komme, werde ich ein Tier in einem Nationalpark, beschließe ich.

Mein John Travolta lässt sich erschöpft an meiner Seite nieder, auch er findet die Idee meiner Wiedergeburt gut und wünscht sich das Gleiche. Wir streiten noch kurz, ob wir Pferde, Vögel oder Käfer werden wollen. Spielen durch, wer von wem gefressen wird. Dann beenden wir in zärtlicher Umarmung unser sardisches Abenteuer und beteuern uns gegenseitig, dass vor allem wir beide zwei halsstarrige Esel gewesen sind.

Giara di Gesturi
Bruno

Ich bin jemand, der sich leicht dem Zauber von Orten hingibt: Wenn ich irgendwo bin, habe ich manchmal das Gefühl, nicht nur die Stimmen, sondern auch die Gefühle und Empfindungen von Menschen wahrzunehmen, die vor mir hier gelebt haben. Einer von diesen Orten musste natürlich die Giara, das Hochplateau von Gesturi sein, das aber auch zu den Gemeinden Tuili, Setzu, Genuru, Gonnosnò, Albagiara und Assolo und anderen Dörfern in der Umgebung gehört. Durch das Seitenfenster unserer lieben Ape betrachte ich den blauen Himmel und suche dort nach etwas, was mir dieses seltsame Déjà-vu-Gefühl erklärt. Ich sage Jutta, was ich empfinde. Wie schön, dass jetzt hier jemand neben mir sitzt, meine Hand hält und mir zuhört. Es ist mir ungeheuer wichtig, dass ich eine Frau bei mir habe, die jeden Atemzug von mir spürt. Und wie schön ist es, in seinem Leben einen Bezugspunkt zu haben – und noch schöner zu wissen, dasselbe für sie zu sein. Wir fahren ganz allein die Straße zum Parco di Gesturi hinauf, und vielleicht können wir deshalb unsere Gedanken schweifen lassen. Die Gäste des Hochzeitsbanketts sind schon vor einer Weile eingetroffen. Wir mussten ja noch bei Giulias Eltern haltmachen, um uns dort umzuziehen. Jetzt haben wir endlich unsere festliche Garderobe an und unser Hochzeitsgeschenk dabei. Wir sind auf dem höchsten Punkt des Hügels angekommen. Die Landschaft um uns herum ist wunderschön, eine üppige Vegetation, dazwischen quadratische Blöcke aus Vulkangestein. Hier ist alles unberührt, zum Teil von Korkeichenwäldern bedeckt oder mit der typischen Macchia des Mittelmeerraums, Steineichen und Mastixsträuchern. Die charakteristische und bekannteste Tierart, von der sie auch ihren Namen hat, ist eine Wildpferderasse, eigentlich die einzig echten Wildpferde in Europa. Diese Tiere heben sich durch einige Eigenheiten in Gestalt und Körperbau von den bekannteren Rassen ab, die sie zu einer zoologischen Besonderheit machen: Sie sind kleiner als andere Pferde, haben eindeutig mandelförmige Augen, ein sehr dunkles Fell und eine lange Mähne.

Während sich unsere kleine Ape die Kurven hinaufquält, muss ich an den traurigen Blick des Saxhorns denken. Es hat mir richtiggehend weh getan, als ich ihn so davonziehen sah. Als ich noch klein war, hat mir mein Vater immer gesagt: »Gefühle sind das Schönste in unserem Leben. Aber man muss mit ihnen umgehen können.« Das habe ich nicht verstanden. Als ich erwachsen wurde, änderte sich das, und ich wuchs in dem Bemühen auf, jedes Gefühl, jeden Gemütszustand zu kontrollieren. Es gab dann auch erschöpfendere Erklärungen, und natürlich ging es dabei vor allem um Liebe. Genauer gesagt, um das Verliebtsein. Ein gesunder und herrlicher Wahnsinn, der dich packt, wenn du es am wenigsten erwartest. Warum bist du so schnell verschwunden, Saxhorn? Vielleicht hätte sich eine Gelegenheit ergeben und wir hätten uns kennenlernen können, dann hätte ich dir gern etwas über das Leben und Enttäuschungen in der Liebe erzählt. Irgendwann habe auch ich geglaubt, es wäre äußerst schlimm, seinen Bezugspunkt zu verlieren. Das glaube ich immer noch, aber mein Verstand erlaubt mir, wieder nach vorne zu blicken, erneut

Freude am Leben zu gewinnen und neue Bezugspunkte zu entdecken.

Und hier ist also mein Bezugspunkt, er sitzt neben mir. Wir sind gern zusammen und erleben gemeinsam ein wunderbares Abenteuer, eine bewegende Reise, eine Extratour, wie Geraldo es nennen würde. Wird unsere Liebe ewig dauern? Das ist nicht wichtig! Ich weiß, dass wir uns sehr lieben, auch wenn wir manchmal streiten. Und das fast immer wegen Banalitäten, wie folgender Dialog beweist:

»Hoffentlich ist es nicht kaputtgegangen ...«

»Hätten wir nicht besser einfach nur einen Umschlag mit Geld schenken sollen?«

»Wenn sie das gewollt hätten, hätten sie keine Hochzeitsliste aufgestellt.«

»Und warum hast du dann kein Geschenk von der Liste ausgesucht, dann hätten wir das Teil nicht die ganze Zeit mit uns herumschleppen müssen ...«

»Weil diese Lampe eng mit unserer Kindheit verbunden ist, das ist eine lange Geschichte ... Und, hör mal, für die Reparatur habe ich über dreihundert Euro bezahlt! Außerdem bringt ein Umschlag mit Geld Brautpaar wie Gäste in Verlegenheit.«

»Das stimmt nicht. Man muss nur ein Körbchen mit leeren Umschlägen hinstellen. Da legt dann jeder Gast hinein, was er möchte, und es bleibt alles absolut anonym.«

»Das halte ich für keine tolle Idee ... Und wenn es tausendmal bei euch so üblich ist, ich finde das nicht gut.«

»Vielleicht habe ich mich nicht klar genug ausgedrückt. Wenn die Umschläge leer und weiß sind, eben A-NO-NYM, fühlt sich niemand dazu verpflichtet, einen Betrag hineinzulegen, den er sich eigentlich nicht leisten kann – das ist das Gute daran!!! Natürlich holt man sein Portemonnaie nicht direkt vor den Augen des Brautpaars raus ... obwohl, du würdest das bestimmt tun, so zerstreut, wie du bist! Man geht kurz weg und legt diskret das Geld in den Umschlag. Ich halte das für einen großartigen Kompromiss.«

»Ach was ...«

»Was heißt hier ›Ach was‹!?«

»Ich bin absolut nicht deiner Meinung, ich glaube, ein Geschenk sollte auch wirklich ein Geschenk sein ... Bei meinen beiden Hochzeiten habe ich nie Umschläge mit Geld bekommen.«

»Hast du dir mal überlegt, wie viele Leute du eingeladen hattest, die vielleicht nur deshalb nicht gekommen sind, weil sie es sich gerade nicht leisten konnten, für festliche Kleidung, Geschenk und Anreise viel Geld auszugeben? Nun sag schon, hättest du da nicht lieber dreihundert Euro in einem Umschlag gehabt, wenn sie dafür mit dir hätten feiern können?«

»Liebes, entschuldige, aber es gibt noch so was wie Anstandsregeln ...«

»Ja, ich weiß, ich schäle meine Äpfel nie mit Messer und Gabel so wie du – oder wie es die Anstandsregeln vorschreiben mögen ... Gott, du bist vielleicht spießig! Ich glaube jedenfalls, eine Hochzeit sollte ein Tag sein, an dem gefeiert wird, während hier in Italien nur Wert darauf gelegt wird, so viel Geld wie möglich auszugeben!«

»Das stimmt doch nicht. Du erzählst Blödsinn. Dann sag mir mal eins: Wie soll ich denn wissen, wer mir zehn Euro geschenkt hat, damit ich ihn nicht in Verlegenheit bringe, wenn ich ihm bei späterer Gelegenheit etwas für dreihundert schenke, oder wer mir dreihundert geschenkt hat, damit ich mich nicht blamiere, wenn ich ihm ein

Zehn-Euro-Geschenk mache??? Spinnst du jetzt?! Dann soll man sich doch lieber Geld für eine Reise schenken lassen, wie sie es gemacht haben. Das finde ich viel sinnvoller und netter. Mit dem Umschlag bringst du nur die Gäste in Verlegenheit, die vor allen Leuten das Geld aus der Börse ziehen müssen. Was ist, wenn jemand kein Geld schenken will, sondern etwas Persönliches? Steht er dann besser da vor denen, die nicht einmal einen Euro geben?«

»Warum hast du ihm dann keine Reise geschenkt?«

»Ich hab es dir doch gesagt – diese Lampe hat einen nostalgischen Wert. Sie stammt aus meinem Schlafzimmer und hat uns bei den Hausaufgaben geleuchtet, wenn Maurizio zum Lernen zu mir kam ...«

»BREEEMMSEEENNN!!!«

Ich bremse scharf vor dem Tor des Parks. Dort erwarten uns Giulia und Maurizio feierlich auf zwei herrlichen kleinen Pferden. Sie trägt eine Girlande aus vergoldeten Beeren um den Hals, er die Kette mit dem Ring. Wir umarmen uns. Endlich kann ich ihnen Jutta vorstellen und das Geschenk übergeben. Aber wie immer werden die Geschenke nicht gleich ausgepackt. Das gibt uns die Möglichkeit, schnell unser »Geländefahrzeug« zu parken, dann tauchen wir in einen wahren Garten der Wunder ein: einen riesigen Park, der von außen nicht einsehbar ist. Unter einem weißen Zelt erwartet uns der Willkommensdrink.

Wie sehr wir uns lieben, selbst wenn wir streiten!

EIN HOCH AUF DAS BRAUTPAAR!

Wir haben entdeckt, dass Salvatores Frau zu Giulias Trauzeugen gehört. Deshalb sitzt auch er an unserem Tisch und unterhält sich, besser gesagt, er redet ohne Punkt und Komma, während seine Frau ihr Make-up auffrischen geht. Der Mann ist wie eine Flutwelle und dazu noch gierig, er verschlingt die Hochzeitstorte wie ein Wolf seine Beute.

»Der hat doch jahrelang nach einer Frau gesucht, das fing an, als er in Amerika war, aber da hatte er keinen Erfolg. Und jetzt ist, so Gott will, der große Tag gekommen. Und wenn wir Sarden etwas machen, dann aber richtig. Er hat gedacht, dass er mit hundert Gästen davonkommt, aber dann hat sich ihre Mutter eingemischt, der Vater, die Onkel ... und, na ja, jeder hat seinen Senf dazugegeben, du verstehst schon, jeder hat seine Meinung sagen wollen: Der muss eingeladen werden und der auch, sonst ist am Ende noch jemand beleidigt. Also, schließlich sind wir mehr als dreihundert, einschließlich der Verwandten sechsten Grades.«

»Also, da muss ich mich als Vetter dritten Grades ja geradezu als engen Verwandten betrachten ...«

»Gut, du bist wie ein Bruder für ihn. Wenn du mir jetzt noch sagst, dass ihr zusammen in die Schule gegangen seid ...«

»Ja, in die Grundschule ...«

»Ich spreche hier von Leuten, von denen man nie etwas gesehen oder gehört hat. Seht ihr die an den Tischen dort hinten? Über den Daumen gepeilt werden das so etwa sechzig sein, ach was, das sind mehr. Siebzig, achtzig? Wer kennt die denn? Wer hat die schon mal gesehen?«

»Das werden eben entfernte Verwandte sein.«

»Das sag ich doch gerade. Die Sechser ...«

»Sechser?«

»Wir nennen sie so. Das sind die Verwandten sechsten Grades, die man braucht, damit mehr Kohle reinkommt, denn da sie nicht wissen, was sie dir schenken sollen, und nicht so viel ausgeben können, geben sie dir einen Umschlag mit Geld. Also, das läuft so: Ich als der Bräutigam bezahle achtzig Euro pro Person für die Feier mit Hummer und Scampi, aber du als Sechser, den ich noch nie in meinem Leben gesehen habe, musst mir einen Umschlag mit mindestens dem dreifachen Betrag geben, und das nur, um dich für meine Freundlichkeit zu bedanken. Am Ende kann ich dem Eigentümer des Lokals schließlich fünfzehn- bis zwanzigtausend Euro bar auf die Hand zahlen. Lieber Sechser, Vetter sechsten Grades, sei mir willkommen, denn mein Hochzeitsessen bezahlst du!«

»Du meinst, all die Leute da haben einen Umschlag gegeben ...«

»Natürlich, das ist einfacher für sie und viel günstiger für das Brautpaar ...«

Jutta kann vor Freude nicht mehr an sich halten und tritt mich gegen das Schienbein. Sie kann mir unter die Nase reiben, dass sie wieder mal recht hatte, und das erfüllt sie mit Stolz:

»HÖRST DU?«

Ich schüttele beschämt den Kopf. Ich empfinde eine gewisse Verachtung für Salvatore. Wir Pechvögel, die wir das Unglück haben, mit ihm am selben Tisch zu sitzen, müssen nicht nur sein banales Geschwätz über uns ergehen lassen, jetzt müssen wir auch noch mit ansehen, wie er den Kopf tief über den Teller beugt und die letzten Krümel der Torte ableckt. Man könnte ihn nicht einmal attraktiv nennen. Was die Frauen wohl an einem wie dem finden? Ich trinke einen Schluck Champagner, während er weiter Blödsinn quatscht.

»Wenn du dich auf Sardinien verheiratest, kannst du nicht neben deiner Schwiegermutter einziehen. Gewöhnlich verfügt eine sardische Braut über einen eigenen

Machtbereich, auf dem sie dann ein riesiges Heim hochziehen muss, in nächster Nähe zu Eltern, Geschwistern, Onkeln, Vettern, alle mit dem gleichen Nachnamen, die auf demselben Fleckchen Erde wohnen.«

»Ach wirklich, ich weiß aber, dass Maurizio und Giulia schon eine Wohnung in Rom haben!«

»Ich spreche doch hier von dem Haus, in dem sie ihre Ferien verbringen werden: im Sommer, zu Ostern, Weihnachten und Silvester müssen sie herkommen, nach Gesturi. Sonst könnten die Leute schlecht über sie denken. Außerdem hat Donna Assunta, Giulias Mutter, das schon so entschieden. Punktum. Wehe, man widerspricht ihr! Was war das für ein Kampf mit den Zuckermandeln für die Hochzeit! Maurizio wollte sie günstig bei einem Freund von ihm, einem Großhändler in den Abruzzen, einkaufen, aber Assunta hat sich zu Recht dagegen gewehrt: ›Die Konfektsäckchen müssen teuer sein, sonst reden die Leute schlecht über uns. Und die besonderen Einladungskarten für den Empfang und das Essen danach müssen reich mit Gold verziert sein wie die Decken eines Königspalastes, und überhaupt muss das Hochzeitskleid das schönste, das prächtigste von allen sein. Man darf den Leuten keinen Anlass geben zu sagen, man hätte gespart, auf keinen Fall!‹ Dafür ist eine sardische Mutter äußerst vorausschauend, die denkt bereits während der Schwangerschaft an die Aussteuer und die Kücheneinrichtung der Tochter. Die ganze Zeit über bestickt sie ständig Handtücher und Damastdecken mit ihren Initialen. Die Braut hätte schon mit acht Jahren ein Wäschegeschäft aufmachen können. Meine Mutter war ja auch so vorausschauend, also, als meine Schwester geheiratet hat, hat sie ihr so viel Zeug zur Aussteuer mitgegeben, das kann man sich gar nicht vorstellen! Sogar eine Reibe, die mein Vater mit Sammelpunkten beim Tanken bekommen hatte, das muss wohl ein Jahr mit armseligen Prämien gewesen sein ... Wie auch immer, ich habe mir ausgerechnet, dass für das hier mit allem Drum und Dran, also der kirchlichen Trauung, der Kapelle, den *traccas*, Trachten, Padre Mariano – der lässt sich gut bezahlen, du glaubst doch nicht etwa, dass du da mit fünfzig Euro Kollekte davonkommst? –, Fotograf, Blumen, Menü mit Hummer und Scampi und dem ganzen Rest, vierzigtausend wohl nicht gereicht haben werden...«

»Vierzigtausend Euro?«, platzt Jutta heraus.

»O ja, vierzigtausend. Was haben Sie denn geglaubt?«

»Aber warum wollt ihr in Italien immer so viel Geld ausgeben?«

»Eine Hochzeit ist eine Hochzeit, meine liebe Signora. Als ich meinen Eltern einmal gesagt habe, dass ich erst heiraten würde, wenn ich selbst etwas Geld hätte, dafür würde ich sie auch um nichts bitten, nur die engsten Freunde und Verwandten einladen, den größten Teil des Geldes für mein Heim und die Hochzeitsreise ausgeben und nichts für sinnlose Hochzeitsbilder, nein, sogar die Gäste bitten, mit ihren Digitalkameras Bilder zu machen, als ich also sagte, ich würde mir eine Einbauküche auf Raten kaufen und im Gegensatz zu meiner Schwester eine Hochzeitsliste für die Geschenke machen, da wurde es ganz still im Raum. Und ich habe gefragt: ›Entschuldigt, habe ich etwas Falsches gesagt?‹ Und wisst ihr, was meine Eltern mir geantwortet haben? ›Dann bleibst du besser Junggeselle!‹«

Seine Redseligkeit ist unerträglich. Endlich sagt unsere Tischnachbarin, eine entfernte Verwandte von ihm oder seiner Frau, wenn nicht sechsten, dann doch fünften Grades, die dieses unentwegte Geschwätz nicht mehr aushält, zu ihm: »Jetzt hör doch endlich mal auf, Tore, lass uns in Ruhe unsere Torte essen!«

Jutta drückt meine Hand unter dem Tisch. Ein eindeutiges Zeichen, dass auch sie mehr als genug hat. Er dagegen meint, als hätte er eine spontane Eingebung erhalten: »Du hast ja recht, meine Liebe, ich muss endlich auf die Bühne!«

Dann steht er auf, formt die Hände zu einem Megaphon und brüllt: »ICH BITTE MEINE KOLLEGEN MUSIKER, ZU MIR AUF DIE BÜHNE ZU KOMMEN – ODER KLEBT IHR AN DEN STÜHLEN FEST, JUNGS? EIN TANZ FÜR UNSER WUNDERSCHÖNES BRAUTPAAR!«

Alle nicken und schlagen mit dem Besteck beifällig an die Gläser. Ich auch, schließlich ist das die einzige Möglichkeit, ihn loszuwerden.

»WARUM KOMMST DU NICHT MIT, BRUNO, UND TANZT DEN *BALLU TUNDU* MIT UNS?«, brüllt er mir ins Ohr, dabei schiebt er seinen Stuhl zurück und tritt mir auf den Fuß.

Jetzt wird mir heiß. Allein bei der Vorstellung, er könnte mich mit sich ziehen und in irgendeine peinliche Situation verwickeln, werde ich blass.

»Nein, danke. Ich sehe mir das Ganze lieber von hier aus an ...«

»Wie du willst, aber du weißt gar nicht, was du dir entgehen lässt ...«

Ich seufze erleichtert. Jutta fragt mich, ob ich etwas von ihrem Baiser und den Maronen mit Schokoladenüberzug kosten möchte ... In dem Moment legt mir jemand die Hand auf die Schulter. Vor mir steht Geraldo und lächelt mich an. Er ist wie immer höchst elegant gekleidet: Er trägt einen Blazer mit vergoldeten Initialen auf der Brusttasche, weiße Hosen, dazu eine gestreifte Seidenkrawatte und leichte Boots. »Wie schön, dass du hier bist! Endlich ein Lichtblick!« Ich deute auf Salvatores Platz, damit er sich dorthin setzt. Während die Musiker auf die kleine Bühne zueilen, fühle ich, dass mir Geraldo tröstend die Hand auf den Arm legt.

»Warum willst du nicht tanzen?«, fragt er.

»Ich bin dir sehr dankbar, dass du gekommen bist, Geraldo, aber zwing mich nicht zu etwas, was ich nicht will.«

»Mein lieber Freund, das sind die Menschen deiner Geschichte! Alles hier wirkt fremd auf dich. Aber auch sie sind Teil deiner Reise. All die Leute, die du in diesen vier Tagen kennengelernt hast, aber auch alle Orte gehören in dein Tagebuch, dem du Empfindungen, Gedanken, Gefühle anvertrauen wirst. Glaubst du wirklich, all diese Begebenheiten, Unfälle, Begegnungen seien purer Zufall? Beschränk dich nicht darauf, nur die Dinge zu betrachten, die dir gefallen … Betrachte doch alles und jeden mit der gleichen Begeisterung, demselben Erstaunen, die du für die riesigen Granitblöcke auf den Hügeln hegst, für die erschöpften Maulesel auf den Saumpfaden, diese unberührten Landschaften, die einsamen Nuraghen. Das ist doch das Schöne an einer Reise, dass man unbekannte Orte entdeckt, Menschen kennenlernt, die ganz anders empfinden und die niemand mehr verändern kann, man kann sie nur betrachten und als Erinnerung mit nach Hause nehmen.«

»KOMM, BRUNO, KOMM, JUTTA, TANZT DEN *BALLU TUNDU* MIT UNS!«, rufen Giulia und Maurizio im Chor.

Salvatore beharrt darauf, jetzt klatschen auch Donna Assunta und die anderen Gäste in die Hände, um uns zu

ermutigen. Wir reihen uns in den Kreis um das Brautpaar ein und überlassen uns dem mitreißenden Rhythmus der Musik:
»EIN HOCH AUF DAS BRAUTPAAR!«

EPILOG

Villasimius
Bruno

Das sanfte Rauschen der Brandung klingt wie eine Melodie, der Strand liegt im schönsten Sonnenlicht voller Wehmut da, als ob melancholische Sehnsucht untrennbar mit dieser unberührten Landschaft verbunden sei. Wir haben beschlossen, uns vor der Rückreise noch ein wenig Meer zu gönnen. Aber nicht das Meer an der Costa Smeralda, sondern das unendlich weite und wilde bei Villasimius im Südosten der Insel, dessen würzige Salzluft direkt in unser Hotelzimmer dringt. Vom Fenster aus sehen wir die Sarazenentürme und die Leuchttürme, deren Lichter die Küste abtasten, die Granitfelsen und diesen kompakten roten Sand mit weißlichen Einsprengseln; ein Fläschchen damit steht immer noch hier in meinem Bücherregal. Mit den Augen suchen wir den Horizont nach einem Flamingo, einem Kormoran oder einer Silbermöwe ab. Wir hatten Meer dringend nötig, und zwar genau dieses Meer. In dem von grünblauem Wasser umspielten La Caletta lassen wir unsere Erlebnisse noch einmal Revue passieren. Ganz früh am Morgen sind wir zu einem Spaziergang aufgebrochen und haben uns sofort mit einem Fischer angefreundet. Ein alter Mann, sein Gesicht wird mir immer in Erinnerung bleiben. Er war nicht besonders groß, sein Haar war noch nicht ergraut und sein Gesicht sonnenverbrannt und voller Falten. Am Anfang verständigten wir uns nur mit Blicken und ein paar unbeholfenen Worten unsererseits. Er war gerade mit seinem Boot eingelaufen und bot uns Seeigel an, deren köstlichen Geschmack wir so bald nicht vergessen werden. Er trat näher, während er mich unverwandt anschaute, und ich lächelte ihm zu, wie immer, wenn ich einem Fremden begegne. Er lächelte zurück. Jutta ging ans Meer und ließ ihre Füße von den Wellen umspielen, sie war hin- und hergerissen, ob sie nicht schwimmen gehen sollte, obwohl das Wasser schon sehr kalt war. Der Fischer bedeutete mir, mich zu setzen. Mit den Händen strich er den Sand glatt und nahm sich ein Stöckchen. Immer noch sagte er kein Wort, und das erstaunte mich sehr, aber ich respektierte sein Schweigen. Nun zog er viele Linien in den Sand, schrieb für mich seinen Namen »Pineddu« und reichte dann das Stöckchen an mich weiter, weil er meinen wissen wollte. Er lächelte erneut und zeichnete wieder Striche in den Sand, die sich zu Figuren, Szenen und Geschichten zusammenfügten. Vielleicht hatte er sich die Geschichten selbst ausgedacht, Geschichten ohne Worte, nur Linien im Sand, Geschichten, die so lange dauern, bis eine Welle sie wieder fortspült. Einfache, wunderschöne Geschichten aus einer stummen Welt, denn der Mann war stumm, wie ich von den anderen Fischern des Dorfes erfuhr. Er war ein Einzelgänger, er kannte den Klang seiner Stimme nicht, weil er noch nie gesprochen hatte. In seinen Augen leuchtete das Licht des Lebens, und der Schmerz war nur ein leiser Schatten darin. Ich traf ihn am nächsten Tag wieder, er erwartete mich schon an diesem winzigen, wilden Strand und wollte mir wieder Seeigel schenken. Aber an diesem Morgen kam er mit einem Stift, zwei leeren Blättern und einer kleinen Flasche. Es war klar, was er wollte. Er wusste, dass wir am nächsten Tag abreisen mussten. Nun wollte er unsere Geschichte erfahren. Er drückte mir den Kugelschreiber in die Hand und legte mir das Papier auf die Knie. Ich zitterte. Wo sollte ich anfangen? Ich sog den Duft des Meeres ein und begann unsicher, über meinen nächtlichen Ausritt mit Ferru zu schreiben. Jetzt treibt eine Abschrift davon, versiegelt in einer Flasche, irgendwo im Tyrrhenischen Meer, eine weitere ist bei Pineddu geblieben, der kleinen großen Seele von Villasimius. Während ich schreibe, betrachte ich die kleine Flasche in meinem Bücherregal: Darin entdecke ich Bilder und Menschen, Erinnerungen, die immer wiederkehren.

Villasimius
Jutta

Erinnerungen verändern sich, Erfahrungen verlieren mit dem Fluss der Zeit an Gewicht, vor kurzem noch Tragödie, jetzt plötzlich Komödie. Im Sich-nicht-so-ernst-Nehmen liegt das Geheimnis. In Bewegung bleiben, nach allen Seiten offen sein, Schranken in ihre Schranken verweisen und sie nicht an sich heranlassen, das Individuum gewähren und Milde walten lassen.

Ich schwimme im Meer.

Heimlich bin ich nachts aufgestanden, nachdem ich mich vergewissert hatte, dass die tiefen Atemzüge, die Brunos Brust entströmten, Tiefschlaf bedeuten, und habe die große Terrassentür geöffnet, um die milde Herbstluft in unser Schlafzimmer zu bitten. Den weißen, fast durchsichtigen Vorhang ließ ich davor hängen. Mit jedem Windhauch blähte er sich wie ein Segel, dann fiel das Segel in sich zusammen und entließ die gefangene Luft, um sie im Zimmer tanzen zu lassen. Sie streifte sacht meine Nasenspitze, und der Duft von Tang und Salz betörte mich. Ich konnte kaum die ersten Anzeichen von Tageslicht erwarten. Mein Plan stand fest. Kaum färbte sich das weiße Segel rosagrau, stieg ich aus dem Bett, leise, behutsam. Schlang ein bereitgelegtes Handtuch um meinen nackten Körper und schlich barfuß hinaus ins Freie. Lief über taunasses Gras, entlang am verschlammten Salzsee, dem die Ebbe fast gänzlich das Wasser entzogen hatte und in dem sich Hunderte verschlafene Flamingos einbeinig ihren Träumen hingaben, denn bevor nicht die Flut ihnen neue Nahrung lieferte, gab es nichts, was sie versäumen konnten.

Am Strand offenbart sich mir ein silbrig blauer Spiegel bis zum Horizont. Ich bin absolut allein. Nirgendwo eine Menschenseele. Vorsichtig tauche ich meine Füße in die fast unmerklichen kleinen Wellen. Erschaudere ob der Kühle, die sie umfängt. Kurz überlege ich mir, ob ich meinen Plan nicht doch besser fallenlasse und wieder zurückkehre in mein warmes Bett, verwerfe jedoch blitzartig den Gedanken, denn vielleicht habe ich nie mehr die Gelegenheit, so früh am Morgen, so spät in der Jahreszeit ins Meer hinauszuschwimmen. Also atme ich tief ein und gehe zügig auf weichem Sand ins Wasser, bis mein Bauch umspült ist und ich eintauchen kann in die salzige Flut. Wunderbar weich und letztlich viel wärmer als im ersten Moment empfunden ist das Meer. Hier kann ich mich hingeben. Bewusst meinem Atem lauschen, meinen Schwimmbewegungen folgen und dem Herrgott danken, dass ich diesen Moment erleben darf. Zug um Zug tauche ich ein, schwimme zügig, mal auf dem Rücken, mal auf dem Bauch, drehe mich im Wasser und fühle mich wie ein Delphin, so leicht, so heiter. Endlos könnte ich so hinausschwimmen, habe ich doch keine Angst, weder vor der Tiefe unter mir noch vor seinen Bewohnern. Ich weiß, mein Schwimmen ist beschützt, im Universum freut man sich über meinen Mut. Plötzlich verändert sich die Farbe des Meeres. Was gerade noch ein bleifarbenes Blau war, ist nun pures Gold. Ich folge dem goldenen Strom, der am Ende in die aufgehende Sonne mündet. Endlos könnte ich darin schwimmen. Ein so großes Glücksgefühl macht sich in mir breit, wie ich es lange schon nicht mehr erlebt habe, und unendlich dankbar lasse ich mich auf dem Rücken treiben. Ich blicke hinauf zum Himmel. Die letzten Sterne verschwinden im morgendlichen Schleier. So bleibe ich liegen, schwerelos, vom Salz getragen. Erst als Minuten später der Zauber vorüber ist, beschließe ich, umzudrehen und zurückzuschwimmen an den weit entfernten Strand. Eingehüllt in das Badehandtuch lasse ich mich am Strand in dem noch kühlen Sand nieder.

Nach wie vor ist niemand zu sehen. So rubble ich mich trocken, rolle das Handtuch zusammen und setze mich im Schneidersitz darauf, um nackt, wie Gott mich schuf, in Meditation zu gehen.

Betrachte ich nun in diesem Moment Bruno und mich, so kann die Wahrnehmung unterschiedlicher nicht sein. Vermutlich schläft er noch tief, erwartete er doch von dieser Nacht eine ausgiebige Erholung. Diese schien gewährleistet zu sein, nachdem er die Terrassentür fest verriegelte, um ja durch nichts und niemanden gestört zu werden. Mit dem festen Entschluss, mindestens zehn Stunden durchzuschlafen, verabschiedete er sich gestern Abend von mir, bevor er sich zusammenrollte. Ich hingegen schnupperte die überwältigende Natur, das Abenteuer und erwartete von dieser Nacht, dass sie mir einen tiefen, aber kurzen Schlaf schenken und mich am frühen Morgen in die Stille, in das Unberührte entlassen würde.

Wenn ich nun in unser Schlafzimmer zurückkehre, hat jeder von uns seine eigene Erfahrung gemacht. Wir werden uns schwerlich austauschen können, es sei denn, wir lassen uns gegenseitig so lange Zeit, bis der Moment gekommen ist, in dem wir emotional wieder im Einklang sind, dann können wir aufeinander zugehen und unsere Erlebnisse berichten. Weiß ich, ob nicht auch Bruno im Schlaf ein Abenteuer erlebt hat?

Zwei herrliche Tage verbringen wir an diesem Ort. Oftmals jeder allein für sich das vorangegangene Abenteuer verarbeitend. Vergangenes verzeihend, über so manches schallend lachend, umarmen wir uns in Versöhnung. Was gibt es Besseres, als ETWAS ERLEBT ZU HABEN?

Zu guter Letzt

Dass sich von Ihnen, lieber Leser, der ein oder andere auch schon mal als RICHTIGER ESEL gefühlt hat, nehme ich doch stark an. Betrachten wir jetzt jedoch dieses langohrige haarige Tier, mit seinen weichen feuchten Nüstern, den samtenen Augen, seinem struppig graubraunen Fell, so geht eine durchaus liebenswerte Aura von ihm aus, und die Tatsache, auch schon mal ein Esel gewesen zu sein, verliert seinen Schrecken. Machen Sie es doch einfach so wie wir. Nehmen Sie sich nicht allzu ernst und lachen Sie über Ihre Eselei.

Ein Esel kann ja auch ein Goldesel sein, und unverhofft regnet es Dukaten! Manchmal ein bisschen stur zu sein, wenn es um eine wesentliche Sache geht, ist durchaus von Vorteil, wenigstens für Sie. Dass Sie damit andere eventuell ärgern, kann einem ja auch durchaus mal wurscht sein. Faul zu sein hat auch etwas Schönes an sich. Gönnen Sie sich, auf der Stelle stehen zu bleiben und nachdenklich an einem Grashalm zu kauen. Letzteres muss man ja nicht wörtlich nehmen!

Der Esel steht fest mit seinen vier Beinen auf der Erde, benutzen Sie Ihre beiden Beine und verwurzeln Sie sich mit unserer Mutter Erde, Sie werden spüren, was für ein standhafter Mensch Sie werden. Ebenso ist die Genügsamkeit eines Esels nachahmenswert. Tagelang kommt er mit wenig aus und freut sich umso mehr, wenn er danach auf eine fette Weide geführt wird. Und zu guter Letzt schauen Sie sich denjenigen genau an, der sich auf Ihrem

Rücken breitmachen will. Ein Esel ist nicht dumm, der wirft Sie ab, wenn Sie ihm lästig sind. Machen Sie es den Grautieren nach und bocken Sie ein wenig.

Ob Sie jedoch jemals in solche Situationen wie wir kommen werden, hängt ganz von Ihrer Phantasie ab, denn die haben wir auch eingesetzt. Somit steht es Ihnen offen, eine Anna oder einen Claudio zu finden, sich in ein Schloss zu träumen oder Oliven zu pflücken.

Wir haben Ihnen, lieber Leser, lediglich eine Vorlage geschaffen. Ausreiten müssen Sie alleine.

Viel Glück und Spaß,
Ihre Jutta Speidel und Bruno Maccallini

Wir bedanken uns bei:

Maria Elisabetta Governatori
Maurizio Mereu und Familie
Nicola
Giorgio Marongiu
Carmen Lechtenbrink

und

Frank Diederichs, der uns überredet hat, dieses Buch zu schreiben.

DAS HÖRBUCH

JUTTA SPEIDEL & BRUNO MACCALLINI

Zwei Esel auf Sardinien
Ein deutsch-italienisches Abenteuer

Autorenlesung

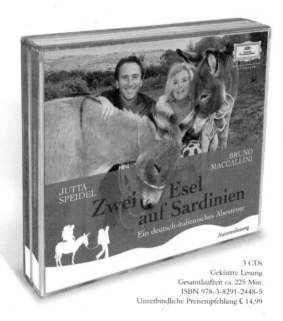

3 CDs
Gekürzte Lesung
Gesamtlaufzeit ca. 225 Min.
ISBN 978-3-8291-2448-5
Unverbindliche Preisempfehlung € 14,99

Weitere Informationen und Hörproben
finden Sie unter www.dg-literatur.de